PowerPoint 2010 Práctico

PowerPoint 2010 Práctico

RAFAEL ROCA

Edición: Rafael Roca Arrufat

Diseño y realización de la cubierta: Rafael Roca Arrufat

Comunicaciones: rafaroca.net/contacto

ISBN 978-1718847538

Índice del contenido

Contenido online en: rafaroca.net/libros/powerpoint2010

- Archivos complementarios para la realización de las prácticas

▶ INTRODUCCIÓN

Con este libro aprenderá a trabajar eficazmente con el programa de presentación de diapositivas más popular del mercado: *Microsoft PowerPoint 2010*.

PowerPoint 2010 Práctico no es un manual al uso, con explicaciones pormenorizadas de todas las opciones, sino un libro con un enfoque funcional, en consonancia con el conocido proverbio: *"Quien oye, olvida. Quien ve, recuerda. Quien hace, aprende"*. En cada tema dispondrá de indicaciones y consejos para llevar a cabo las prácticas propuestas, a través de las cuales llegará a dominar la aplicación sin tener que leer largas exposiciones teóricas.

A la hora de decidir los temas a tratar y su orden se ha seguido un criterio pedagógico. Más que presentar farragosos bloques temáticos, la serie de temas sigue un nivel de dificultad ascendente y una secuencia lógica.

Por otra parte, aunque los temas iniciales tratan procedimientos básicos, los lectores con experiencia previa con *PowerPoint 2010* podrán acceder a aquellos que les interesen, prescindiendo de los que ya conocen.

¿Para quién es *PowerPoint 2010 Práctico*?

El libro está destinado a cualquier persona que quiera aprender las funcionalidades más importantes de *Microsoft PowerPoint 2010* para realizar cualquier tarea ofimática relacionada con el proceso de texto.

También en el entorno docente será un instrumento de enseñanza idóneo al facilitar la labor del profesorado y proporcionar a los/as alumnos/as prácticas interesantes, a la vez que relevantes.

Requisitos

Deberá tener instalada la aplicación *Microsoft PowerPoint 2010*, en el ordenador donde vaya a realizar las prácticas. Si no ha instalado la aplicación y necesita ayuda sobre cómo hacerlo, visite la web de Microsoft, **support.office.com** y busque la información referente a la versión *Microsoft Office 2010*.

Dado que *PowerPoint* se ejecuta en el entorno del sistema operativo *Windows*, necesitará conocer este sistema operativo —preferentemente, *Windows 7* o posterior— en cuanto al manejo de la interfaz, ventanas, menús, cuadros de diálogo, carpetas y archivos. En el caso de tener poca experiencia con el sistema operativo, es recomendable realizar el curso online gratuito "Windows: Gestión de archivos" en la plataforma web **formacion.rafaroca.net**.

Por último, habrá de disponer de conexión a internet para descargar los archivos complementarios de la página web del libro: **rafaroca.net/libros/powerpoint2010**. En esta página web se encuentran los archivos en una carpeta comprimida para facilitar su descarga.

La ventana de *PowerPoint 2010*

Nuestra primera tarea consistirá en conocer las **partes de la ventana** del programa para familiarizarnos con sus nombres y sus funciones:

1) **Barra de inicio rápido**
Contiene botones de comando habituales, como Guardar, Deshacer y Rehacer. Es personalizable.

2) **Barra de título**
Muestra el nombre del archivo y de la aplicación.

3) **Botones de control**
Minimiza, maximiza o cierra la ventana.

4) **Cinta de opciones**
Contiene todos los botones de comando del programa distribuidos en fichas y es personalizable.

5) **Área o zona de trabajo**
El área donde llevamos a cabo el trabajo dentro de cada diapositiva.

6) **Miniaturas de las diapositivas**
Este panel nos sirve para trabajar con las diapositivas en sí mismas (moverlas, copiarlas, eliminarlas, ...). La ficha Esquema es útil para acceder directamente al texto de las diapositivas.

7) **Panel de notas del orador**
Aquí se pueden incluir notas que sirvan de ayuda durante la presentación con dos pantallas.

8) **Barra de estado**
Muestra información sobre la presentación y permite cambiar el modo de visualizarla con los botones de la derecha. También se puede ajustar el tamaño de la diapositiva en el área de trabajo con el el zoom.

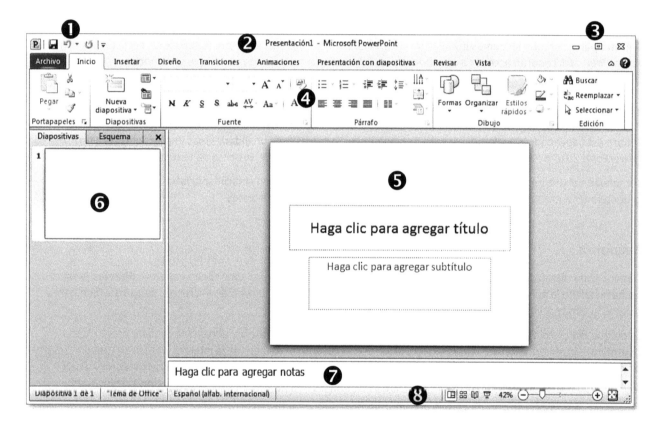

En la **cinta de opciones** encontramos los siguientes elementos:

1) Menú Archivo
Contiene las opciones habituales para trabajar con archivos (crear, guardar, abrir, cerrar, …) y las opciones de configuración del programa.

2) Fichas de la cinta de opciones
Cada ficha contiene los comandos del tema que indica su pestaña. La ficha de **Inicio** contiene los comandos básicos.

3) Botón de minimizar (ocultar) cinta de opciones
Oculta o muestra la cinta de opciones.

Botón de ayuda (?)
Muestra la ayuda de la aplicación.

4) Botones de comando
Realizan acciones determinadas, las cuales nos las indicará el programa al colocar el puntero encima de cada botón.

5) Menú del botón de comando
En forma de flecha, debajo o a la derecha del botón de comando, proporciona opciones adicionales.

6) Grupos de opciones
Conjunto de botones de comando agrupados temáticamente en cada ficha de la cinta de opciones (Portapapeles, Diapositivas, Fuente, Párrafo, Dibujo, Edición, …).

7) Menú del grupo de opciones
Este pequeño botón en la parte inferior derecha de un grupo de opciones abre el menú o cuadro de diálogo con opciones adicionales asociadas al grupo.

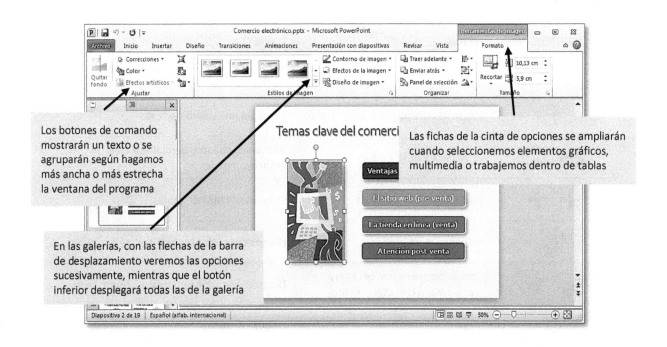

Los botones de comando mostrarán un texto o se agruparán según hagamos más ancha o más estrecha la ventana del programa

Las fichas de la cinta de opciones se ampliarán cuando seleccionemos elementos gráficos, multimedia o trabajemos dentro de tablas

En las galerías, con las flechas de la barra de desplazamiento veremos las opciones sucesivamente, mientras que el botón inferior desplegará todas las de la galería

El menú contextual

Además de los comandos de la cinta de opciones, contamos con otro práctico elemento: el **menú contextual**.

Las acciones más habituales que llevamos a cabo en *PowerPoint* y las demás aplicaciones de *Office* las encontramos en este menú, que aparece cuando hacemos clic con el botón secundario del ratón, del touchpad u otro dispositivo en un sitio concreto: una diapositiva, un cuadro de texto, una imagen, etc.

Las indicaciones para realizar las prácticas

Para saber qué botón hay que clicar o qué opción hay que utilizar para realizar lo que se nos pide en cada práctica, en el libro se indicará, por ejemplo, de esta manera: **Insertar > Texto > Cuadro de texto**.

En este caso hay que insertar un cuadro de texto y la instrucción nos dice que hay que clicar en la **ficha Insertar**, luego, en el **grupo Texto** hay que clicar en el **botón Cuadro de texto**.

El color de la interfaz

Disponemos de tres gamas de color en los que mostrar la interfaz del programa: **azul**, **plateado** y **negro**. Para cambiar la combinación de colores iremos a **Archivo > Opciones > General** (este cambio afecta a todas las aplicaciones de *Office*).

Combinación de colores:	Plateado ▾

El puntero

La flecha normalmente asociada al puntero **cambia de forma** según donde la movamos para indicarnos visualmente la acción que se llevará a cabo al arrastrarlo o al clicar.

PUNTERO	ACCIÓN	CONTEXTO
⌖	Activar, mover	General: botones de comando, fichas, ventanas, cuadros de diálogo, selección
I	Mover el cursor, seleccionar texto	Texto en un cuadro de texto
⟺ ⇕	Cambiar anchura / altura	Ventanas, cuadros de diálogo, objetos gráficos, paneles
⊣╟⊦ ÷	Cambiar anchura / altura	Columnas y filas de tablas
⤧	Mover	Diapositivas, objetos gráficos, texto, tablas
⬚ ⬚	Copiar (arrastrar con el botón secundario o con **Ctrl** pulsado)	Diapositivas, objetos gráficos, texto, tablas
↻	Girar	Objetos gráficos

Temas generales por módulo

Módulo 1

- Requisitos y consejos en el diseño de presentaciones
- Presentación:
  - *Crear*
  - *Guardar*
  - *Cerrar*
  - *Abrir*
  - *Título*
  - *Tema*
  - *Mostrar pase de diapositivas*
- Diapositivas:
  - *Insertar*
  - *Diseño*
  - *Duplicar*
  - *Eliminar*
  - *Restablecer*
  - *Tamaño*
  - *Orientación*
- Cuadros de texto:
  - *Insertar*
  - *Modificar*
  - *Formato de fuente*
- Imágenes:
  - *Insertar*
  - *Modificar*
  - *Cambiar*
- Deshacer/Rehacer
- Seleccionar objetos
- Eliminar objetos
- Copiar, cortar y pegar
- Visualización:
  - *Vista Normal*
  - *Ficha Diapositivas*
  - *Zoom*
  - *Ajustar*
  - *Mostrar en escala de grises*
  - *Vista Clasificador de diapositivas*

Módulo 2

- Diapositivas:
  - *Configurar transición*
  - *Seleccionar*
  - *Comentarios*
  - *Anotaciones*
  - *Encabezado de sección*
  - *Diapositiva final*
  - *Gráficos de fondo*
  - *Encabezado y pie de página*
  - *Viñetas*
  - *Insertar WordArt*
  - *Insertar tabla*
  - *Importar texto*
  - *Notas del orador*
- Animaciones:
  - *Aplicar*
  - *Configurar*
  - *Reproducir*
  - *Copiar*
  - *Panel de animación*
- Presentación:
  - *Importar diapositivas*
  - *Secciones*
  - *Guardar como *.ppsx*
  - *Guardar como PDF*
  - *Incrustar fuentes*
  - *Imprimir*
  - *Presentación personalizada*
- Visualización:
  - *Ficha Esquema*
  - *Vista Patrón de diapositivas*
  - *Vista Patrón de documentos*
  - *Vista Página de notas*
  - *Vista Moderador*
- Revisión ortográfica
- Idioma
- Desplazamiento alternativo
- Resolución de pantalla
- Puntero láser

Módulo 3

- Diapositivas:
  - *Transición automática*
  - *Estilo de fondo*
  - *Imagen de fondo*
  - *Insertar forma*
  - *Formato de forma, imagen y cuadro de texto*
  - *Insertar acciones y vínculos*
  - *Insertar botones de acción*

- Animaciones:
  - *Animación múltiple*
  - *Reordenar animaciones*
  - *Animación avanzada: establecer desencadenante*
- Presentación:
  - *Guardar como vídeo*
  - *Presentación en bucle*
  - *Protección contra cambios*

  - *Protección contra apertura*
- Insertar audio
- Grabar narración
- Ocultar cinta de opciones
- Personalizar barra de acceso rápido
- Opciones de PowerPoint

▶ MÓDULO 1

TEMAS

1.1 Requisitos y consejos en el diseño de presentaciones

Las presentaciones de diapositivas se han convertido en una herramienta muy popular gracias a la proliferación de los equipos informáticos y a programas como *Microsoft PowerPoint*, un software sencillo y potente, que posibilita la creación de presentaciones muy variadas de forma rápida y efectiva.

Existen **dos tipos** de presentación: con orador y automática. La primera la utilizan profesores/as, estudiantes, científicos/as, agentes comerciales, conferenciantes, etc. para exponer un tema ante una audiencia presencial o remota. La segunda se diseña para ser difundida por internet u otros medios sin que se requiera la presencia de un/a orador/a.

En las páginas siguientes aprenderemos a crear y a perfeccionar ambos tipos de presentaciones, teniendo siempre presente que la presentación es un medio, no un fin en sí misma. Con ello queremos decir que todos los elementos que intervienen en su diseño han de adecuarse a su finalidad real, que es servir de apoyo visual a la transmisión del tema o idea.

Elementos de las diapositivas

El **texto** de las diapositivas no ha de ser extenso, preferiblemente, tan solo ha de indicar los puntos que desarrollará el/la orador/a. En presentaciones sin orador/a, destinadas a mostrarse en equipos individuales podrá ser más amplio.

Asimismo, las **fuentes** (tipografía) elegidas deberán ser claras y lo suficientemente grandes para ser leídas a distancia.

Las **imágenes** han de tener relación con el tema y una calidad suficiente.

Los efectos de **transición** (cambio) de diapositiva y de **animación** de los objetos de texto o imágenes nos han de servir para captar y mantener la atención de nuestra audiencia, pero, si abusamos de ellos o no son los adecuados, conseguiremos el efecto contrario.

En cuanto a los efectos de **sonido**, mejor no incluirlos, a no ser que nuestro público sea muy joven y necesitemos motivación extra.

Insertar **audio** a modo de música de fondo en una presentación automática es interesante, siempre que no haya grabada una narración e interfiera con ella. En una presentación con orador/a lo habitual es no tener música sonando durante el pase de diapositivas, pero habremos de incluir audio, cuando el tema tratado lo requiera (p. ej., historia de la música, sonidos de animales, ejemplos de idiomas, etc.).

Es posible insertar un **vídeo** en una diapositiva, no obstante, este es el elemento que puede causar más problemas de reproducción, por lo tanto, si es necesario mostrarlo, es aconsejable hacerlo fuera de la presentación. Si queremos mostrarlo en la misma diapositiva, deberíamos asegurarnos de su correcto funcionamiento en el mismo equipo con el que haremos el pase, es decir, en el mismo ordenador conectado al mismo proyector o monitor externo.

Estilo de la presentación

El tipo de **audiencia** y la **temática** es lo que hemos de tener en cuenta cuando decidamos el estilo de la presentación.

Por ejemplo, si estamos enseñando ciencias naturales a niños de primaria, emplearemos colores brillantes y efectos llamativos, pero si estamos dando una conferencia sobre el antiguo Egipto a personas adultas, usaremos tonos de color y fuentes que nos recuerden la época, así como efectos de animación más sutiles.

PowerPoint dispone de un amplio conjunto de estilos que se ajustan a variadas temáticas y que podemos, además, modificar según nuestras preferencias.

Medios para la presentación

El medio más habitual para mostrar la presentación es el **proyector** conectado al equipo informático, configurado como réplica de la pantalla de nuestra pantalla.

La mayoría de proyectores manejan de forma nativa una resolución de imagen de 800x600 o 1024x768, pero el equipo informático seguramente tendrá más resolución nativa. A la hora de proyectar, lo idóneo es que coincidan ambos, pero dadas sus diferencias deberemos ajustar la resolución de pantalla en nuestro sistema operativo o, si el proyector permite otra resolución, aunque no sea de forma nativa, probarla antes de hacer el pase de diapositivas.

En proyectores de gama alta o en **monitores** modernos de ordenador o televisión la resolución es mayor y, por tanto, no suele ser problemática. En todo caso, siempre que sea posible deberíamos hacer una prueba antes de mostrar la presentación con diapositivas.

Si la presentación va a ser distribuida, su correcta visualización dependerá de muchos más factores, en función del equipo del destinatario: sistema operativo, versión del programa, fuentes instaladas, … En este caso habría que incrustar las fuentes en la presentación o convertirla en un vídeo si el pase es automático. Cómo llevar a cabo estas acciones lo aprenderemos en los temas correspondientes del libro.

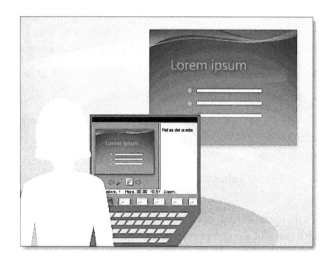

Presentaciones para terceros

Cuando diseñemos una presentación para una empresa o para cualquier otra organización los requisitos aumentarán y habrá que ser más rigurosos, si cabe, en la calidad final. En concreto deberemos:

- Incorporar adecuadamente la **imagen corporativa** de la empresa mediante la inclusión de logotipos o marcas en encabezados/pies de página.

- Tener en cuenta al diseñar las diapositivas, los **colores**, **fuentes** y otros **elementos gráficos** presentes en documentos, campañas de marketing, productos, etc. de la empresa.

- Respetar las **normas de estilo** de la organización.

- Mantener la presentación **confidencial** mediante el cifrado por contraseña si contiene datos sensibles.

1.2   Crear una presentación · Título · Temas · Cuadros de texto

Cuando abrimos *PowerPoint* tenemos dispuesta una presentación para comenzar a trabajar. Por tanto, al igual que sucede con *Word* y *Excel*, no es necesario crear un archivo inicialmente. No obstante, si queremos hacerlo, nos dirigiremos a **Archivo > Nuevo > Presentación en blanco > Crear** (o pulsaremos **Ctrl+U**).

También tenemos la opción de descargar alguna de las muchas plantillas de ejemplo incluidas con el programa o en la web Office.com, pero, para aprender a diseñar una presentación, lo mejor es partir de una en blanco.

Bajo la cinta de opciones veremos la diapositiva de título, donde, como indica su nombre, sirve para mostrar el **título de la presentación**. A la izquierda, tendremos un panel con una miniatura de esta diapositiva inicial.

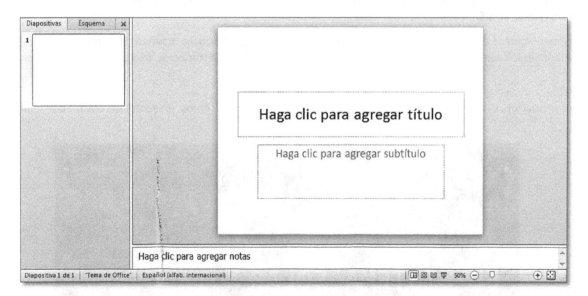

El conjunto de colores, fuentes y estilos que se aplica a todas las diapositivas constituye el **tema** de la presentación. El tema predeterminado es el llamado Office, pero se puede elegir otro en la ficha **Diseño**.

Comenzaremos aquí la elaboración de una presentación sobre el sistema solar a partir de la presentación en blanco que nos propone *PowerPoint.* A medida que la desarrollemos aprenderemos a manejar los elementos básicos del programa.

En la práctica siguiente, en concreto, insertaremos texto en los objetos destinados a ello: los **cuadros de texto**.

PRÁCTICA

A   Cambiaremos el aspecto general de la presentación desde el grupo **Temas** de la ficha **Diseño**. Mediante las flechas a la derecha de las miniaturas de muestra buscaremos y clicaremos en el tema **Metro**.

La elección de un tema con fondo negro, va en función de las imágenes que insertaremos en las diapositivas, cuyo fondo también es negro. De esta manera, las imágenes se mostrarán perfectamente, dando a nuestra presentación un "look" armónico.

B   Clicaremos en el **cuadro de texto** preparado para agregar el **título** y aparecerá el cursor en su interior. Escribiremos: *EL SISTEMA SOLAR*.

En *PowerPoint* se usan estos cuadros para incluir texto en la presentación. La mayoría de diseños de diapositiva disponibles los contiene de forma predeterminada, pero se pueden insertar otros, modificarlos, eliminarlos, etc.

C   A continuación, clicaremos en el cuadro de texto del subtítulo y escribiremos: *Presentación creada por "nombre"*.

1.3   Formato de fuente · Seleccionar y modificar cuadros de texto

Al texto insertado en los cuadros de texto se le puede aplicar cualquier **formato de fuente**, tanto la fuente en sí, como los formatos habituales de tamaño, color, negrita, cursiva, etc. desde la ficha **Inicio**.

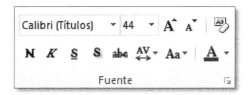

Por otro lado, estos objetos se pueden **modificar** en cuanto su **posición** (arrastrar su borde) y en cuanto a su **tamaño** (arrastrar controladores de tamaño de las esquinas o centrales).

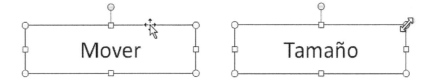

PRÁCTICA

A   Clicaremos en el <u>borde del cuadro de texto</u> para **seleccionarlo** y desde **Inicio > Fuente** aumentaremos la fuente del título a **60 puntos**, bien con la lista desplegable, bien con el botón **Aumentar tamaño de fuente**.

Cuando seleccionamos el cuadro de texto, el cambio en el formato afecta a todo el contenido. Si queremos cambiar parte del texto, clicaremos dentro del cuadro de texto y lo seleccionaremos arrastrando por encima.

> **NOTA:** Para cambiar el formato de una sola palabra no es necesario seleccionarla, basta con que el cursor se encuentre dentro de ella. Para seleccionar un párrafo, se puede hacer triple clic sobre cualquier palabra de ese párrafo.

B   Seleccionaremos el cuadro de texto del subtítulo y cambiaremos la fuente a *Bradley Hand ITC 24* buscándola en la lista de fuentes. También pondremos el texto en negrita.

C   **Moveremos** el subtítulo debajo el título arrastrando el <u>borde del cuadro de texto</u> y ajustaremos la **altura** de los dos cuadros de texto arrastrando los <u>controladores de tamaño</u>.

1.4   Guardar, cerrar y abrir la presentación

Para no perder el trabajo que estamos realizando, lo mejor es **guardar la presentación** lo antes posible clicando en el botón **Guardar** en la barra de acceso rápido. Al guardarla por primera vez le daremos un nombre y una ubicación.

El archivo de *PowerPoint* guardado tendrá la extensión **.pptx**.

Al acabar de trabajar con la presentación, **cerraremos** su ventana con el botón de la equis y para reanudar nuestras tareas la **abriremos** desde la carpeta donde la hayamos guardado.

También en el menú **Archivo** tenemos los comandos para realizar estas operaciones.

PRÁCTICA

A   Clicando en el botón de guardar o desde **Archivo > Guardar**, guardaremos la presentación con el nombre de **El sistema solar.pptx**, el cual escribiremos en la casilla correspondiente del cuadro de diálogo **Guardar como**.

En la casilla **Tipo** dejaremos **Presentación de PowerPoint (*.pptx)** y como ubicación dejaremos también la biblioteca **Documentos** (o elegiremos otra carpeta si así lo preferimos).

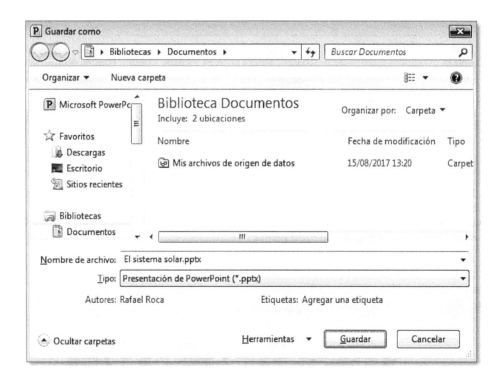

NOTA: La extensión **.pptx** no es necesario escribirla, ya que *PowerPoint* la pone por nosotros, tal como se muestra en la casilla **Tipo**.

A medida que vayamos modificando la presentación, iremos guardando los cambios, pero ya no se nos pedirá el nombre ni la ubicación, a no ser que elijamos la opción de **Guardar como**.

Para guardar rápidamente, es interesante usar la combinación de teclas **Ctrl+G**.

B   Una vez guardado el archivo, lo podemos **cerrar** con el botón de la **X**, con lo cual cerraremos la ventana del programa. Para mantener *PowerPoint* abierto acudiremos a **Archivo > Cerrar** o pulsaremos **Ctrl+F4**.

Si cerramos la presentación antes de guardar los cambios, el programa nos avisará de tal circunstancia y podremos guardarla antes de cerrar, cerrarla descartando los cambios (**No guardar**) o dejar sin efecto la orden de cerrar (**Cancelar**).

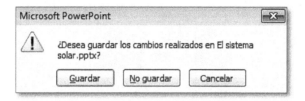

C   Para **abrir** una presentación guardada, haremos doble clic sobre el archivo en la carpeta donde lo hayamos guardado o clicaremos en **Archivo > Abrir**.

Las distintas presentaciones que abramos se mostrarán en **Archivo > Recientes**.

█ 1.5   Insertar diapositivas · Cambiar diseño · Mostrar en escala de grises

Dependiendo de qué queramos mostrar en una diapositiva, dispondremos de varios diseños para añadir rápidamente el texto, las imágenes y otros objetos. También podremos **insertar una diapositiva** en blanco, pero es conveniente usar uno de los establecidos.

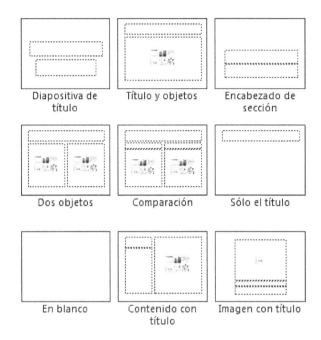

Sea como sea, una vez insertada, es posible **cambiar su diseño** fácilmente.

Los diseños de diapositivas son los mismos para todos los temas. Para trabajar mejor en las diapositivas con temas oscuros, contamos con la opción de mostrarla en **escala de grises**.

Veremos estas opciones realizando la práctica propuesta.

PRÁCTICA

A   Desde la ficha **Inicio**, en el grupo **Diapositivas,** insertaremos una nueva diapositiva clicando en el texto **Nueva diapositiva**, bajo el botón.

Elegiremos el diseño **Contenido con título** y escribiremos como **título**, *El Sol* y como **texto** el mostrado abajo. Pulsaremos **Entrar** (Intro) al final de cada párrafo (tras el punto y aparte).

DATOS

Estrella del sistema solar.

Distancia de la Tierra: 150 millones de kilómetros.

Masa: 98 % del total del Sistema Solar.

Temperatura: unos 5.000º C en superficie.

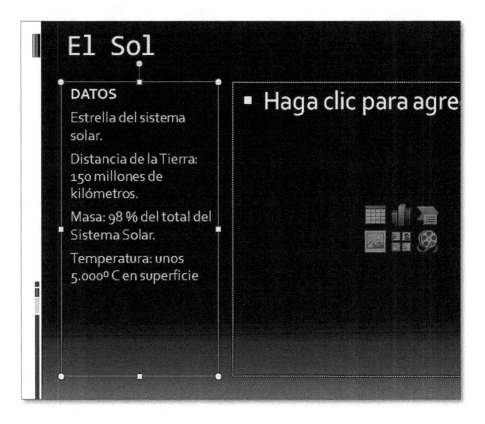

B   Comprobaremos que el diseño se puede cambiar clicando en el botón **Diseño** y eligiendo
        otro. Luego, volveremos al diseño inicial de contenido con título.

C   Aumentaremos la **fuente del cuadro de texto** con los datos a 24 pto. Para ello podemos seleccionar el texto o
        seleccionar todo el cuadro clicando en su borde.

        Aplicaremos el formato **negrita** a la palabra DATOS.

D   Ajustaremos también la altura/anchura del cuadro de texto con los datos arrastrando <u>los controladores de
        tamaño</u>.

E   Dado el fondo oscuro de este diseño, podemos mostrar la presentación en **Escala de
        grises** [ficha **Vista**] para trabajar con más comodidad y volver al color al acabar.

1.6   Imágenes: insertar, mover y cambiar tamaño

Las imágenes son objetos básicos en toda presentación que se precie. En las diapositivas podemos **insertar imágenes** propias o aquellas incluidas con el programa.

Las modificaciones básicas que habrá que hacer en la imagen cuando esté insertada serán **moverla** y **cambiar su tamaño**.

PRÁCTICA

A   Para añadir una imagen en la diapositiva, clicaremos en el botón **Insertar imagen desde archivo** que aparece en el cuadro de objetos. Insertaremos la imagen **Sol.jpg** que se encuentra en la carpeta **Archivos PowerPoint 2010 > Sistema solar** (descarga de la carpeta en **rafaroca.net/libros/powerpoint2010**, hágalo ahora).

Si quisiéramos insertar una imagen de las que nos proporciona *Office*, clicaríamos en **Imágenes prediseñadas**.

B   Ajustaremos la **posición** de la imagen arrastrándola hacia la esquina superior derecha y también ajustaremos su **tamaño** arrastrando los controladores de las esquinas para mantener sus proporciones.

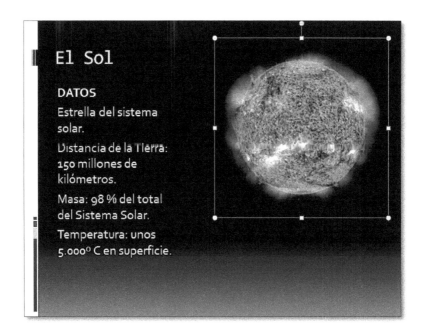

1.7   Restablecer · Deshacer · Rehacer · Eliminar objetos

Cuando comentemos errores contamos con varias opciones para enmendarlos:

La opción **Restablecer** restaura la diapositiva al diseño original en cuanto al tamaño, posición, formato de los objetos y las fuentes empleadas. La encontramos en **Inicio > Diapositivas**.

La opción **Deshacer** deshace la última acción realizada, es decir, va hacia atrás en la secuencia de acciones que hemos hecho (escribir, insertar imagen, mover, eliminar, etc.). La activamos con el botón **Deshacer** de la barra de acceso rápido (en la esquina superior izquierda de la ventana de *PowerPoint*) o con **Ctrl+Z**.

Si nos pasamos deshaciendo, nos será útil la opción **Rehacer**, que rehace la última acción que hemos deshecho. La activamos con el botón **Rehacer** de la barra de acceso rápido o con **Ctrl+Y**.

> **Nota:** Si no se ha deshecho alguna acción, no aparecerá el botón de rehacer. En su lugar tendremos el botón **Repetir**, que repetirá la última acción realizada.

Práctica

A   Para comprobar cómo podemos **rectificar** o **eliminar** aquello que no nos interese, insertaremos una nueva diapositiva con el diseño **Contenido con título** a continuación de la del sol.

B   Moveremos los cuadros de texto y el de objetos a cualquier posición.

Escribiremos en los cuadros de texto, cambiaremos la fuente y el tamaño.

C   Para recuperar la posición, tamaño y formato preestablecidos pulsaremos en **Inicio > Diapositivas > Restablecer**.

Como vemos, el texto escrito se conserva, pero el resto de cambios realizados se han revertido.

D   Ahora, **eliminaremos** el cuadro con el título y el de los objetos clicando en su borde y pulsando la tecla **Supr**.

Clicaremos en el botón **Deshacer** o pulsaremos **Ctrl+Z** para recuperar lo borrado.

Volveremos a eliminar los cuadros de texto clicando en el botón **Rehacer** o pulsando **Ctrl+Y**.

1.8   Ficha Diapositivas · Eliminar diapositiva · Vista Normal · Zoom · Ajustar

Ya hemos visto cómo aparecen miniaturas de las diapositivas que insertamos en la ficha **Diapositivas** del **panel izquierdo**. Estas miniaturas las usaremos cuando la operación que queramos llevar a cabo afecte a las diapositivas en sí: copiarlas, moverlas o, lo que haremos en la práctica de este tema, **eliminarlas**.

Este panel forma parte de la **Vista Normal** y puede ensancharse/estrecharse arrastrando su borde derecho, de manera que las miniaturas se mostrarán más grandes o más pequeñas en consonancia.

Si lo cerramos clicando en la equis, lo recuperaremos clicando en el botón **Normal** de la ficha **Vista** o el botón de la barra de estado, al lado del zoom.

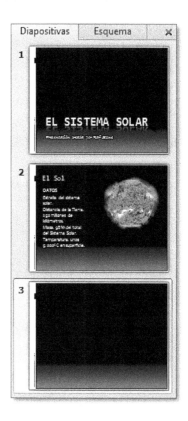

Si queremos **ajustar el tamaño de visualización** de las diapositivas aumentaremos el **zoom** (a la derecha de la barra de estado) clicando en los botones o arrastrando el control deslizante.

Si queremos ajustar automáticamente su tamaño al tamaño de la ventana, clicaremos en el botón **Ajustar diapositiva a la ventana actual**, a la derecha del zoom.

PRÁCTICA

A   **Eliminaremos** la diapositiva número 3, que insertamos en la práctica anterior. Lo haremos mediante el **menú contextual** o la tecla **Supr**, seleccionándola en el panel izquierdo.

B   Ajustaremos la **anchura** del panel izquierdo hasta que veamos las miniaturas al tamaño que prefiramos.

C   Comprobaremos la función del **zoom** y el **ajuste automático** al tamaño de la ventana.

1.9   Girar y recortar imagen · Insertar cuadro de texto

Para adaptar una imagen a las necesidades de la presentación podemos **girarla** y **recortarla**. Practicaremos estas opciones y también cómo **insertar un cuadro de texto** cuando no lo incluya el diseño de la diapositiva.

PRÁCTICA

A   Insertaremos una tercera diapositiva con el diseño **Título y objetos**, teniendo en cuenta que la diapositiva aparecerá <u>a continuación de la que tenemos seleccionada</u>. Como título escribiremos: *Los planetas*.

B   Insertaremos la imagen **Planetas.jpg** de igual manera que hicimos con la imagen del Sol.

C   Esta imagen habrá que girarla **[Herramientas de imagen > Formato > Organizar > Girar]** para que se muestre correctamente, con el Sol a la izquierda.

También habrá que recortarla **[Herramientas de imagen > Formato > Tamaño > Recortar]** por la derecha para que desaparezca el último planeta, Plutón. Para ello, arrastraremos los controladores de recorte y clicaremos fuera de la imagen al acabar.

D   Además, insertaremos un **cuadro de texto** clicando en **Insertar > Texto > Cuadro de texto** y arrastrando para darle forma. El cuadro irá debajo de la imagen y en él escribiremos: *Los planetas a escala: Mercurio, Venus, Tierra, Marte, Júpiter, Saturno, Urano y Neptuno*.

Aumentaremos a 28 pto la fuente del cuadro de texto y ajustaremos su posición y tamaño.

▌ 1.10   Mostrar pase de diapositivas (Presentación con diapositivas)

Tras insertar una diapositiva para nuestro planeta, comprobaremos cómo se mostrará la presentación a pantalla completa como pase de diapositivas en la ficha **Presentación de diapositivas**.

PRÁCTICA

A   Añadiremos una cuarta diapositiva para el planeta Tierra con el diseño **Contenido con título**.

B   Escribiremos el **texto** de abajo, pulsando **Entrar** (Intro) al final de cada párrafo y aumentaremos la fuente 24 pto:

DATOS

Nuestro planeta azul viaja a una velocidad de 108.000 km/h alrededor del Sol.

Los océanos cubren las dos terceras partes de su superficie.

Su atmósfera, rica en oxígeno permite la existencia de vida.

Su único satélite es la Luna.

C   Insertaremos la imagen Tierra.jpg desde Archivos PowerPoint 2010 > Sistema solar.

Ajustaremos el tamaño del cuadro de texto, además de la posición y el tamaño de la imagen para que quede aproximadamente como se muestra:

D   En **Presentación con diapositivas > Iniciar presentación con diapositivas** comprobaremos como se visualizará la presentación a pantalla completa.

Para pasar las diapositivas, haremos clic o usaremos las teclas de dirección. Para cancelar el pase la presentación, pulsaremos la tecla **Esc**.

NOTA: El botón a la izquierda del zoom, en la barra de estado, inicia la presentación a partir de la diapositiva actual.

1.11   Duplicar diapositivas · Cambiar imagen · Vista Clasificador de diapositivas

Una opción muy útil cuando las diapositivas a insertar son iguales o muy similares a otra que ya hemos configurado es **duplicar la diapositiva**, con lo cual obtendremos una copia idéntica en la cual modificaremos aquello necesario: título, texto, imágenes, ...

Si vamos a insertar una imagen en la copia de una diapositiva que sustituya a la existente, por ejemplo, la imagen del planeta, es muy interesante la opción de **cambiar imagen** que añadirá la nueva en el mismo sitio y con el mismo tamaño que la sustituida.

La vista **Clasificador de diapositivas** nos mostrará las miniaturas como si estuvieran encima de una mesa y será práctica para ordenarlas.

Práctica

A   Seleccionaremos la diapositiva de la Tierra y la **duplicaremos** tres veces para incluir a Venus, a Marte y a Mercurio, <u>en ese orden</u>. Así, aprovecharemos los formatos ya dados.

Para ello, clicaremos en el texto del botón **Nueva diapositiva** y elegiremos **Duplicar diapositivas seleccionadas** (o **Duplicar diapositiva** del menú contextual).

B   En las diapositivas duplicadas podemos seleccionar y eliminar la imagen de la Tierra para insertar las imágenes correspondientes (**Venus.jpg**, **Marte.jpg** y **Mercurio.jpg**).

Sin embargo, utilizaremos la opción **Cambiar imagen** del menú contextual de la imagen. Con este método, la nueva imagen adopta el tamaño y posición de la sustituida.

Esta opción se encuentra también en **Herramientas de imagen > Formato > Ajustar**.

C   El texto del título y los datos, con la misma fuente y tamaño, será el siguiente:

Venus
Tiene un tamaño casi idéntico al de la Tierra, pero sin agua y con temperaturas que alcanzan los 480º C.
Está rodeado de una espesa capa de nubes de ácido sulfúrico.
Su densa atmósfera contiene, principalmente, dióxido de carbono, un gas pesado que atrapa el calor.

Marte
Se le denomina "planeta rojo" debido al óxido de hierro que cubre su superficie.
Un poco menor que la Tierra, su temperatura oscila entre 110º C bajo cero y 0º C.
Su tenue atmósfera se compone de dióxido de carbono. Tiene dos satélites: Fobos y Deimos.

Mercurio
Es el planeta más próximo al Sol y el que se mueve a mayor velocidad.
Alcanza temperaturas de 430 º C.
El más pequeño de los planetas rocosos, tiene un diámetro de 4.880 km (menos de la mitad del terrestre).

D Para romper un poco la monotonía del aspecto de la presentación, en las diapositivas de **Venus** y **Marte** moveremos el cuadro de texto con los datos a la derecha y la imagen a la izquierda, para que cada uno ocupe el lugar del otro.

El texto lo alinearemos a la derecha desde **Inicio > Párrafo**, seleccionando previamente el cuadro de texto.

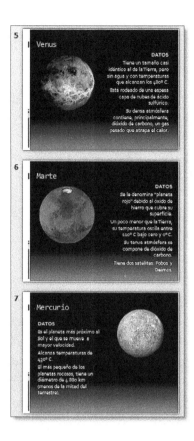

E En la vista **Clasificador de diapositivas** de la ficha **Vista** arrastraremos las miniaturas para cambiar el orden de los planetas en función de su cercanía al Sol: Mercurio, Venus, Tierra y Marte.

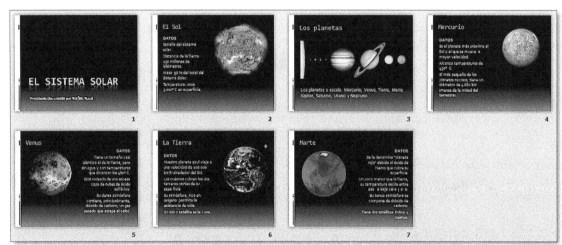

F Al acabar de ordenar las diapositivas, volveremos a la **Vista Normal**.

G Finalmente, **guardaremos** la presentación y **cerraremos** *PowerPoint*.

▌1.12 Tamaño y orientación de las diapositivas

De forma predeterminada *PowerPoint* nos da un tamaño, o más bien, una **relación de aspecto** de **4:3**, es decir, 4 en horizontal por 3 en vertical con una orientación horizontal para presentación en pantalla. Este tamaño es el más conveniente para la mayoría de proyectores y es el que se ha utilizado en todas las prácticas de este libro, pero si la presentación se va a mostrar siempre en monitores o en proyectores de gama alta, tal vez queramos modificar el tamaño para adaptarlo a sus capacidades.

Para cambiar el **tamaño y la orientación de las diapositivas** acudiremos a **Diseño > Configurar página**. Eso sí, habremos de hacerlo <u>antes de empezar a diseñar la presentación</u>, de lo contrario, los elementos gráficos existentes quedarán distorsionados y el texto desajustado.

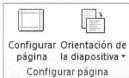

PRÁCTICA

A Comprobaremos cómo cambiar el tamaño u orientación de las diapositivas abriendo *PowerPoint* y en **Diseño > Configurar página > Configurar página** elegiremos distintos tamaños para ver el efecto producido en la diapositiva.

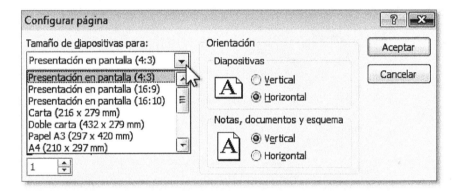

B En nuestra presentación sobre el sistema solar, cambiaremos el tamaño de las diapositivas a **16:9** y comprobaremos cómo afecta a los elementos que contienen. Luego, **desharemos** esta acción.

▶ Módulo 2

Temas

▎2.1   Transición de diapositivas · Seleccionar diapositivas

Uno de los atractivos de las presentaciones digitales son los efectos especiales que se pueden aplicar a las diapositivas y a los objetos que contienen. Cuando uno de estos efectos visuales se aplica a la diapositiva en sí se denomina **transición de diapositivas**.

En la ficha **Transiciones** encontramos todos los efectos disponibles y las herramientas para configurarlos.

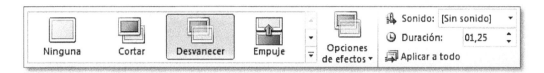

Si vamos a aplicar una misma transición a varias diapositivas, lo mejor será seleccionarlas previamente en la ficha **Diapositivas**. Para **seleccionar** más de una diapositiva pulsaremos **Ctrl+clic**. Si pulsamos esa combinación sobre una ya seleccionada, quitará la selección.

Si las diapositivas que queremos seleccionar se encuentren seguidas, podemos clicar en la primera y pulsar **Mayús+clic** en la última.

PRÁCTICA

A   Comenzaremos aplicando una transición a la <u>diapositiva número 2</u>, el Sol.

En **Transiciones > Transición a esta diapositiva / Intervalos** elegiremos una transición con las siguientes características:

- ▪ Efecto: **Desvanecer** (mediante las flechas a la derecha del recuadro mostraremos todos los efectos).

- ▪ Duración: **1,25 s**. (el tiempo se mide en segundos y para indicarlo usaremos las flechas o lo escribiremos).

> **NOTA**: Junto a la transición, podemos aplicar sonidos, si bien, no son muy recomendables en presentaciones formales. ▮

B   A continuación, seleccionaremos <u>las diapositivas 3, 4, 5, 6 y 7</u> (**Ctrl+clic** o **Mayús+clic**) para aplicarles la transición:

- ▪ Efecto: **Revelar**.

- ▪ Duración: **1 s**.

> **NOTA**: Las diapositivas con transición mostrarán el icono de una estrella debajo de su número, en la ficha Diapositivas. ▮

C   En la ficha **Presentación con diapositivas** comprobaremos como se visualizará la presentación a pantalla completa.

▌2.2   Animación de los objetos · Configurar animación · Reproducción

Siguiendo con nuestro propósito de enriquecer visualmente la presentación, desde la ficha **Animaciones** añadiremos **animaciones** a los objetos de texto.

Las animaciones básicas son de **entrada**, para que aparezca el objeto, de **énfasis**, para destacarlo, y de **salida**, para que desaparezca. En el menú de la galería o en el botón **Agregar animación** encontramos los tipos más habituales y dispondremos de más en las opciones finales del menú.

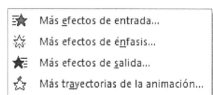

Para cada animación podemos configurar cuándo ha de empezar, cuánto ha de durar y el tiempo que ha de transcurrir antes de iniciarse, todo ello en el grupo **Intervalos**.

Practicaremos la animación de objetos en la <u>primera diapositiva</u> donde a animaremos el título y el subtítulo.

PRÁCTICA

A   En la diapositiva de título **seleccionaremos** el cuadro de texto con el título y elegiremos:

- Efecto de entrada: **Flotar hacia adentro**.
- Inicio: **Con la anterior**.
- Duración: **1 s.**

B   Ahora **seleccionaremos** el cuadro de texto con el subtítulo y elegiremos:

- Efecto de entrada: **Zoom.**
- Inicio: **Después de la anterior**.
- Duración: **0,75 s.**
- Retraso: **0,25 s.**

C   Con el botón **Vista Previa** de la ficha **Animaciones** veremos las transiciones y animaciones en la vista **Normal**.

> NOTA: Para **cambiar** de animación, elegiremos otra. Para **quitarla**, en el grupo **Animación** elegiremos **Ninguna**.
>
> Si queremos **añadir** varias animaciones para un mismo objeto clicaremos en **Animación avanzada > Agregar animación**. En este grupo tenemos también la opción de **copiar** una animación aplicada y pegarla a otro(s) objeto(s).
>
> El número **0** a la izquierda del objeto indica que se inicia automáticamente. Si aparece un **1**, se inicia con un clic.

2.3   Copiar animación

Para aplicar una animación a un objeto idéntica a otra que ya hemos utilizado, tenemos la opción de **copiar la animación** y pegarla en el objeto que nos interese.

Esto se consigue con el botón **Copiar animación** dentro de **Animaciones > Animación avanzada**. Si clicamos una vez sobre el botón, la pegaremos a un objeto, si hacemos doble clic, la pegaremos en todos los que queramos hasta que desactivemos la opción con **Esc** o con el mismo botón.

En la práctica de este tema usaremos esta opción, pero no sin antes aplicar más animaciones.

PRÁCTICA

A   Continuaremos animando objetos de las diapositivas. En la <u>diapositiva del Sol</u>, **animaremos** el título, la imagen y el cuadro de texto con los datos, personalizando las animaciones.

B   Seleccionaremos el <u>cuadro de texto con el título</u> y elegiremos:

- Efecto de entrada: **Forma**.
- Inicio: **Con la anterior**.
- Duración: **1,50 s**.

C   Seleccionaremos la <u>imagen</u> y elegiremos:

- Efecto de entrada: **Desvanecer**.
- Inicio: **Después de la anterior**.
- Duración: **1 s**.

D   Para los datos sería conveniente que **cada párrafo** fuera apareciendo al **hacer clic**, ya que en una exposición deberíamos ir comentando los datos uno a uno. De esta manera controlaríamos la aparición del párrafo siguiente. Seleccionaremos el <u>cuadro de texto con los datos</u> y elegiremos:

- Efecto de entrada: **Barrido**.
- Opciones de efectos: Dirección - **Desde arriba**, Secuencia - **Por párrafo**.
- Inicio: **Al hacer clic**.
- Duración: **0,75 s**.

> **NOTA:** En lugar de hacer clic para iniciar la animación o pasar de diapositiva, podemos pulsar la barra espaciadora, **Entrar** o las teclas de dirección abajo/derecha. Las teclas de dirección arriba/izquierda, van hacia atrás en la secuencia.
>
> Los números que aparecen al lado de los párrafos indican el orden de inicio de cada animación manual.

E   Añadiremos animaciones a los objetos de la tercera diapositiva, Los planetas.

Para el <u>título</u>:

- Efecto de entrada: **Dividir**.

- Opciones de efectos: **Vertical entrante**.

- Inicio: **Con la anterior**.

- Duración: **0,75 s**.

Para la <u>imagen</u>:

- Efecto de entrada: **Barrido**.

- Opciones de efectos: **Desde la izquierda**.

- Inicio: **Después la anterior**.

- Duración: **1 s**.

F   En el <u>cuadro de texto</u> queremos la misma animación que la imagen, así que **copiaremos la animación** de la imagen en tres pasos: (1) la seleccionaremos, (2) clicaremos en **Animaciones > Animación avanzada > Copiar animación** y (3) clicaremos en el cuadro de texto.

G   Por último, **copiaremos las animaciones** aplicadas en los objetos de la diapositiva del Sol, pero haciendo **doble clic** en el botón para ir pegándolas en los objetos correspondientes de las diapositivas de **Mercurio**, **Venus**, la **Tierra** y **Marte**.

Para que aparezcan en la secuencia correcta, deberemos <u>copiarlas en el mismo orden</u> en que las aplicamos en la diapositiva del Sol: 1º el título, 2º la imagen, 3º los datos.

▎2.4   Importar diapositivas y texto de archivo externo · Insertar tabla

Las diapositivas existentes en una presentación se pueden copiar a otra, si nos interesa aprovecharlas. Lo mismo podemos decir del texto que tenemos en un archivo de texto, página web, etc. Las acciones de **insertar diapositivas** y **texto** se llevan a cabo con una simple operación de copiar y pegar.

Las tablas son un objeto útil para presentar información relacionada de forma ordenada en filas y columnas. Para **insertar una tabla** clicaremos en el botón **Tabla** de la ficha **Insertar**.

PRÁCTICA

A   Completaremos la presentación importando diapositivas para los planetas restantes del archivo **Planetas gaseosos y enanos.pptx** que abriremos desde la carpeta **Archivos PowerPoint 2010 > Sistema solar**.

En la ficha **Diapositivas** seleccionaremos todas las diapositivas y las copiaremos con **Inicio > Portapapeles > Copiar**. A continuación, seleccionaremos la última diapositiva de nuestra presentación y las pegaremos con **Inicio > Portapapeles > Pegar**.

También se puede utilizar el **menú contextual**, las combinaciones de teclas **Ctrl+C** y **Ctrl+V** o **arrastrar** de una ventana a otra.

B   El texto de los datos para los planetas Júpiter, Saturno, Urano y Neptuno se encuentra en el archivo **Texto Planetas.txt**, en la carpeta **Archivos PowerPoint 2010 > Sistema solar**.

Abriremos dicho archivo, **seleccionaremos** el texto para cada planeta, lo **copiaremos** (**Ctrl+C**) y lo **pegaremos** (**Ctrl+V**) en los cuadros de texto de las diapositivas correspondientes.

C   En la diapositiva con los planetas enanos insertaremos una tabla de 6 columnas y 2 filas marcando ese tamaño en la cuadrícula de **Insertar > Tablas > Tabla**. El texto de la tabla será el siguiente

Planetas según distancia al Sol	Ceres	Plutón	Haumea	Makemake	Eris
Masa comparada con la Tierra	0,074	0,22	0,09	0,12	0,19

Moveremos la tabla a la parte inferior de la diapositiva arrastrando su borde y desde **Herramientas de tabla > Diseño > Estilos de tabla** elegiremos el estilo que prefiramos.

Para ajustar el **tamaño**, arrastraremos los controladores en el borde y para ajustar la **anchura de las columnas**, arrastraremos la línea de intersección entre las mismas.

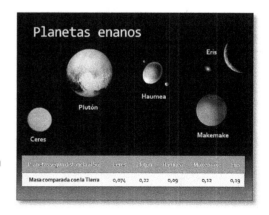

D   Aplicaremos las animaciones que queramos a los objetos de esta diapositiva. Podemos probar los efectos de entrada **Rebote** y el efecto de énfasis **Girar** para las imágenes de los planetas.

2.5   Ficha Esquema · Revisión ortográfica · Idioma

Cuando hemos de modificar el texto o su formato de varias diapositivas, será muy útil la ficha **Esquema** del panel izquierdo: Aquí veremos solamente el texto y podremos seleccionarlo en varias diapositivas a la vez.

La herramienta de **revisión ortográfica** tiene un uso más habitual en un procesador de texto, no obstante, no está de más comprobar su funcionamiento, así como la posibilidad de cambiar el **idioma** establecido para la revisión.

PRÁCTICA

A   En la ficha **Esquema** seleccionaremos todas las apariciones de la palabra DATOS haciendo **doble clic** en la primera y **Ctrl+doble clic** en el resto.

Cambiaremos su color, por ejemplo, a un tono dorado.

En la ficha **Esquema** <u>no aparece el texto de la diapositiva 3</u>. Esto sucede porque el cuadro de texto que lo contiene lo insertamos nosotros, no formaba parte del diseño original de la diapositiva. De ahí que, en la medida de los posible, sea mejor utilizar los diseños preestablecidos.

Si queremos **seleccionar todo el texto** de una diapositiva, haremos **clic** sobre el icono de diapositiva que aparece a lado del número.

Si queremos **replegar/desplegar** el texto de una diapositiva, haremos **doble clic** sobre el icono de diapositiva, a lado del número.

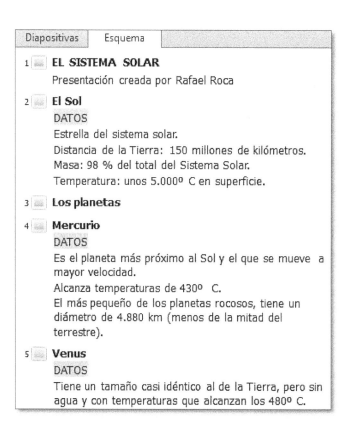

B   Habrá observado que ciertas palabras aparecen con un subrayado ondulado de color rojo. Esto se debe a que *PowerPoint* tiene la **revisión ortográfica** configurada para que detecte aquellas palabras que no figuran en el diccionario a medida que escribimos.

Para corregir una palabra mal escrita, clicaremos con el botón secundario sobre ella y elegiremos de entre las sugerencias del programa, o bien, la corregiremos nosotros manualmente.

Para revisar toda la presentación acudiremos a **Revisar > Revisión > Ortografía** y usaremos los botones del cuadro de diálogo para cambiar la palabra, omitirla o agregarla al diccionario.

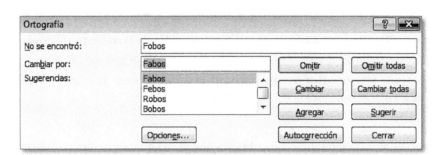

C   Para cambiar el **idioma** con el que revisar la ortografía, podemos clicar en el botón que lo muestra en la barra de estado o en **Revisar > Idioma > Idioma > Establecer idioma de corrección**.

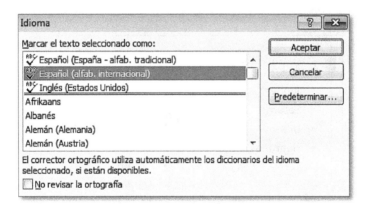

2.6   Diapositivas de encabezado de sección · Viñetas · Secciones

Si el tema de nuestra presentación contiene varias partes o secciones diferenciadas es conveniente introducir cada una a nuestra audiencia con una **diapositiva de encabezado de sección**.

Si, además, la presentación tiene muchas diapositivas tenemos la opción de dividirla en **secciones** para facilitar su gestión. Cada sección contendrá un grupo de diapositivas que podremos seleccionar, ocultar o mover rápidamente.

PRÁCTICA

A   En esta práctica insertaremos tres diapositivas como **encabezados de sección**, con el diseño de ese mismo nombre.

En la primera irá antes de Mercurio (*Los planetas rocosos*), la segunda, antes de Júpiter (*Los planetas gaseosos*) y la tercera, antes de los planetas enanos (*Los planetas enanos*).

B   Listaremos los planetas, aumentaremos la fuente para que se vea mejor y, seleccionando el cuadro de texto, aplicaremos viñetas a los párrafos desde **Inicio > Párrafo > Viñetas**. Si los párrafos tuvieran que seguir un orden secuencial, usaríamos el botón de al lado, **Numeración**.

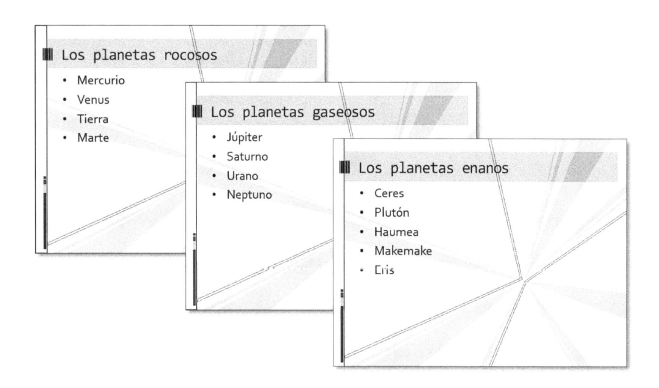

C   A las tres diapositivas de encabezado de sección les aplicaremos la **transición** con el efecto **Desvanecer** y una duración de **1 s.**, seleccionándolas previamente en el panel de diapositivas.

D   Veremos, ahora, cómo organizar la presentación por **secciones**.

Seleccionaremos la diapositiva *Los planetas rocosos* y accederemos a **Inicio > Diapositivas >** **Sección**. Clicaremos en **Agregar sección** y aparecerá una barra en la ficha **Diapositivas** indicando que a partir de ahí empieza la sección.

Le daremos el nombre de **Planetas rocosos** clicando con el botón secundario sobre la barra "Sección sin título" y eligiendo **Cambiar nombre de sección**.

Las diapositivas anteriores a la sección agregada las agrupa *PowerPoint* en otra sección que titula "Sección predeterminada", a la que también podemos cambiar su nombre.

E   **Repetiremos** las acciones anteriores de agregar sección y cambiar su nombre en las diapositivas de encabezado restantes: *Los planetas gaseosos* y *Los planetas enanos*.

F   Comprobaremos que al clicar en la barra de una sección se **seleccionan** todas las diapositivas que contiene. Esto es muy útil para aplicar una misma transición, un mismo encabezado o pie de página a todas a la vez.

Asimismo, la **flecha** a la izquierda del nombre de la sección nos permite **replegar/desplegar** su contenido, de manera que en presentaciones extensas no tengamos que desplazarnos tanto en busca de la diapositiva en la que queremos trabajar.

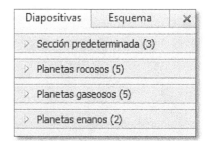

Esta opción la encontramos también en el menú contextual de la sección, en el cual podremos cambiar el orden de las secciones (**Subir / Bajar sección**), eliminarlas (**Quitar sección / Eliminar todas las secciones**) y eliminar la sección junto a las diapositivas que contiene (**Eliminar sección y diapositivas**).

▌2.7   Panel de animación · WordArt · Diapositiva final

El **Panel de animación** nos amplía las opciones de personalización de las animaciones aplicadas. También nos permite reordenarlas fácilmente, arrastrándolas dentro del panel y eliminarlas. Lo activaremos en **Animación Avanzada**.

El **WordArt** es un texto artístico cuyo menú nos ofrece varios estilos, más o menos llamativos. Para añadir este cuadro de texto artístico accederemos a la ficha **Insertar**.

PRÁCTICA

A   Animaremos los objetos de las diapositivas de encabezado de sección.

Al título le aplicaremos una animación con estas características desde **Animaciones > Animación**:

- Efecto de Entrada: **Rótula**.

- Inicio: **Con la anterior**.

- Duración: **1 s**.

En el **Panel de animación** desplegaremos el **menú de la animación** y elegiremos **Opciones de efectos** para en la ficha **Efecto** activar **Animar texto: Por letra**.

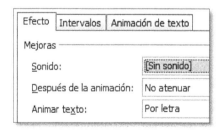

B   Al texto le aplicaremos una animación con estas características:

- Efecto de Entrada: **Flotar hacia arriba**.

- Inicio: **Con la anterior**.

- Duración: **1 s**.

- Retraso; **1 s**.

En el **Panel de animación** indicaremos que la animación del texto sea por letra, de igual manera que el título.

C   Para acabar la presentación, insertaremos una última diapositiva al final agradeciendo la atención prestada. Sus características, por ejemplo, podrían ser:

- Diseño: **En blanco**.
- Transición: **Mostrar, 2 s.**

Y el contenido:

- Un **WordArt [Insertar > Texto > WordArt]** con el estilo que prefiramos y el texto: *Gracias por su atención y...*
- Efecto de Entrada **Desplazar hacia arriba**, **Con la anterior**, **2,75 s.**
- Otro **WordArt** debajo del anterior con el texto: ¡que los astros les sean propicios!
- Efecto de Entrada **Zoom**, **Después de la anterior**, **1,5 s.**

En **Herramientas de dibujo > Formato > Estilos de WordArt** existen gran cantidad de opciones para personalizar el WordArt, con las cuales podemos experimentar.

D   Finalmente, comprobaremos como se visualizará la presentación [Presentación con diapositivas > Iniciar presentación con diapositivas].

2.8   Insertar comentarios y anotaciones · Desplazamiento alternativo

Los **comentarios** funcionan a modo de notas adhesivas para incluir recordatorios o instrucciones en las diapositivas. En presentaciones complejas, de índole técnica o científica, en las que colaboran varios/as autores/as, la persona responsable de revisar el trabajo puede emplear estos comentarios durante el proceso de creación para dar indicaciones y sugerir correcciones.

Los comentarios no se muestran durante el pase de diapositivas. Para insertarlos, modificarlos y eliminarlos hay que acceder a **Revisar > Comentarios**.

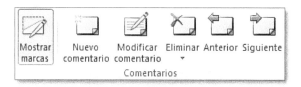

A diferencia de los comentarios, las **anotaciones** se realizan durante el pase de la presentación para destacar o aclarar aquello que muestra la diapositiva. Elegiremos la herramienta de resaltado o la de pluma para "dibujar" en la diapositiva arrastrando el puntero. Al salir de la presentación tendremos la opción de guardar las anotaciones o descartarlas.

Si queremos desplazarlos a una diapositiva o sección concreta durante el pase de diapositivas, contamos con un **desplazamiento alternativo** al que accedemos de igual forma que a las anotaciones, desde los botones de la **esquina inferior izquierda** de la diapositiva (o desde el menú contextual).

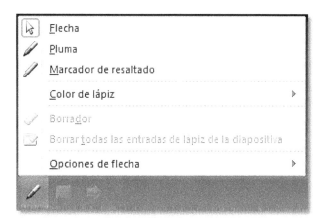

Practicaremos todas estas opciones a continuación.

PRÁCTICA

A   Insertaremos un **comentario** en la diapositiva de título **[Revisar > Comentarios > Nuevo comentario]** en el que escribiremos lo siguiente: *La barra blanca de este tema no queda bien. Recordar quitar estos gráficos de fondo.* Al acabar de escribir, clicaremos fuera del globo.

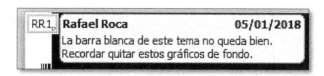

La **marca del comentario** (con las iniciales del usuario y numerada) aparecerá en la esquina superior izquierda de la diapositiva. Si seleccionamos un objeto o clicamos en un párrafo antes de insertar el comentario, la marca quedará junto al objeto o párrafo. En cualquier caso, la podemos arrastrar a cualquier posición en la diapositiva.

Esta marca nos servirá para **seleccionar** y **mostrar** el contenido del comentario al hacer clic y para **modificarlo** al hacer doble clic.

Cuando el comentario ya no sea necesario podemos seleccionarlo y **eliminarlo** desde el mismo grupo **Comentarios**. También este grupo contiene los botones para desplazarnos al **anterior** o al **siguiente** comentario dentro de la presentación si hemos insertado varios.

> **Nota:** En el globo aparece el **nombre de usuario** de *Office*, mientras que la marca de comentario contiene las **iniciales**. Para modificar estos datos hemos de acudir a **Archivo > Opciones > General > Personalizar la copia de Microsoft Office**.

B   Realicemos ahora una **anotación** en la diapositiva del Sol. Iniciaremos el pase de diapositivas y desde el botón del bolígrafo en la esquina inferior izquierda de la diapositiva o desde el **menú contextual > Opciones de puntero**, elegiremos la **pluma** y arrastraremos para rodear el tercer párrafo y destacarlo, de esta manera.

Al finalizar la presentación (**Esc** o **Fin de la presentación**) se nos preguntará si queremos conservar las anotaciones. En el caso de haberlas conservado, se pueden eliminar posteriormente, ya que aparecerán como objetos gráficos en la diapositiva.

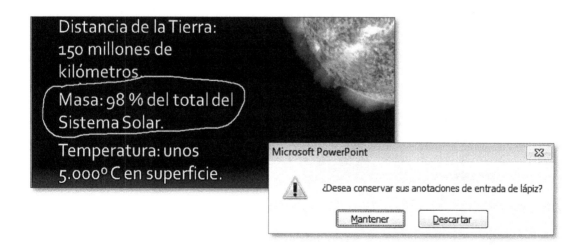

C   Por último, comprobaremos las opciones de **desplazamiento** del botón del cuadrado en la esquina inferior izquierda de la diapositiva o directamente desde el **menú contextual** (ir a diapositiva, sección, última vista, etc.).

En ese menú contamos también con otras opciones de control de la presentación en **Pantalla**.

2.9 Encabezado y pie de página · Vista Patrón de diapositivas · Gráficos de fondo

El **encabezado** y el **pie de página** son dos zonas en la parte superior e inferior de las diapositivas, respectivamente, donde podemos insertar un texto o el número de diapositiva. Aquello que insertemos en estas áreas aparecerá en todas las diapositivas de la presentación o en las que nos interese.

En la vista **Patrón de diapositivas** podemos modificar el formato del encabezado y pie de página, así como el formato de los objetos de texto que forman parte de las diapositivas. Si modificamos el patrón, por ejemplo, cambiamos la fuente del título, todos los títulos de las diapositivas que tengan ese patrón cambiarán en consonancia.

En el patrón de las diapositivas figuran todos los diseños (patrones) y podemos ocultar los **gráficos de fondo**, uno a uno, o de todas las diapositivas a la vez, no obstante, los ocultaremos accediendo a la ficha **Diseño**. En nuestra presentación con el tema **Metro**, los gráficos son la banda blanca a la izquierda y el fondo de las diapositivas de encabezado de sección.

PRÁCTICA

D   En **El sistema solar.pptx** insertaremos un **pie de página** en todas las diapositivas, para que se muestre en la presentación desde **Insertar > Texto > Encabezado y pie de página**.

Encabez. pie pág.

En la ficha **Diapositivas** seleccionaremos las casillas **Número de diapositiva**, **No mostrar en diapositiva de título** y **Pie de página**, donde escribiremos *El sistema solar*.

Clicaremos en **Aplicar a todas**. Si quisiéramos el pie solamente en la diapositiva actual, clicaríamos en **Aplicar**.

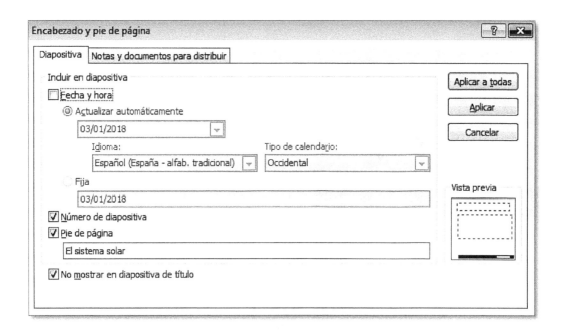

E En la ficha **Vistas** accederemos a la vista **Patrón de diapositivas** y <u>nos aseguraremos</u> de que seleccionamos el patrón de diapositivas **número 1**, que aparece al principio de la lista y que es el patrón raíz, aquel que utilizan todas las diapositivas. Los cambios que hagamos al patrón raíz afectarán a <u>todas las diapositivas</u> de la presentación.

Patrón de diapositivas

Alinearemos a la **izquierda** el texto *El sistema solar* del cuadro con el pie de página. Este cambio lo podríamos hacer directamente en la diapositiva, ya que el pie de página aparece en un cuadro de texto, pero deberíamos hacerlo en cada diapositiva, una a una.

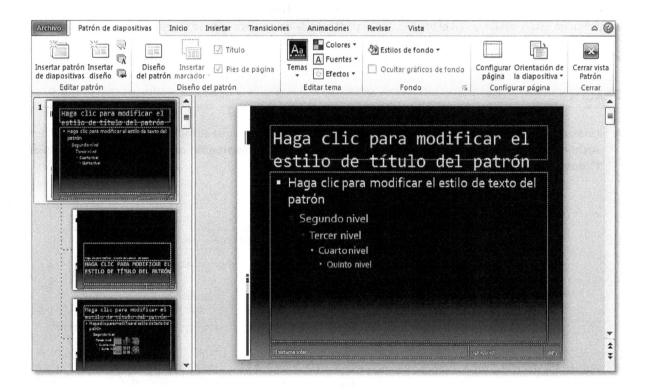

F Cerraremos la vista **Patrón de diapositivas** y comprobaremos que el cambio se ha realizado correctamente.

G Para ocultar los gráficos de fondo de <u>todas las diapositivas</u> accederemos a las opciones de **Formato del fondo** con el menú contextual de cualquier diapositiva o desde **Diseño > Fondo > Estilos de fondo**. En la ficha **Relleno** seleccionaremos **Ocultar gráficos de fondo** y clicaremos en **Aplicar a todo**.

H Seguidamente, mostraremos los gráficos de fondo de las diapositivas de los **encabezados de sección** desde **Diseño > Fondo** desactivando la casilla **Ocultar gráficos de fondo**.

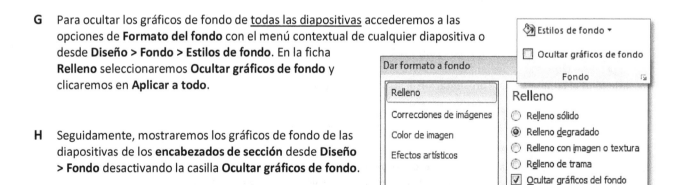

▎2.10   Guardar presentación como *.ppsx · Incrustar fuentes

Si queremos que la presentación comience automáticamente cuando la abramos desde la carpeta, deberemos guardarla con el formato **Presentación con diapositivas de PowerPoint**, cuya extensión es **ppsx**. También es conveniente este tipo de archivo para distribuirla. No obstante, para mostrar nuestro *.pptx directamente, sin necesidad de guardarlo como *.ppsx, podemos clicar en el archivo *.pptx en la carpeta que lo contiene con el botón secundario del ratón (o similar) y del menú contextual elegir **Mostrar**.

Al distribuir una presentación o al mostrarla en un equipo distinto del nuestro, es posible que las fuentes que hemos empleado no estén instaladas en el otro equipo y, por tanto, la presentación no se muestre como queremos. Para prevenir este problema contamos con la opción de **incrustar las fuentes** en el archivo. Esto nos asegurará la fidelidad al mostrarlo, pero también ocupará bastante más espacio en disco, en función de la cantidad de fuentes empleadas.

PRÁCTICA

A   Una vez guardada la presentación en la que estamos trabajando, para que se muestre al hacer doble clic, desde **Archivo > Guardar como**, guardaremos también una copia como **Presentación con diapositivas de PowerPoint (*.ppsx)** con el nombre **El sistema solar - Mostrar.ppsx**.

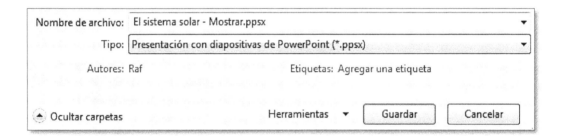

Podríamos darle el mismo nombre, pero así será más fácil de localizar, ya que, a menos que la vista de los archivos de la carpeta sea el modo **Lista** o el modo **Detalles** no distinguiremos los archivos por su icono porque ambos mostrarán una imagen de la primera diapositiva.

Cerraremos *PowerPoint* y haremos doble clic sobre **El sistema solar - Mostrar.ppsx** para verificar que se muestra automáticamente. Si quisiéramos abrir el ppsx para modificarlo, es posible mediante **Archivo > Abrir**.

B   Para asegurarnos de que las fuentes empleadas aparezcan correctamente en cualquier equipo en el que muestre la presentación, con la presentación abierta accederemos a **Archivo > Opciones > Guardar > Mantener la fidelidad al compartir esta presentación > Incrustar fuentes en el archivo.**

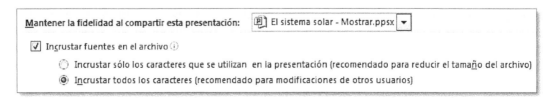

■ 2.11   Vista Patrón de documentos · Imprimir · Guardar como PDF

Normalmente no es necesario imprimir las diapositivas de una presentación, pero si queremos **imprimirla** podemos configurar su impresión en la vista **Patrón de documentos**.

En esta vista estableceremos el encabezado, el pie de página y la numeración de páginas, pero para configurar la orientación, el número de diapositivas por página y otras opciones es mejor acudir a **Archivo > Imprimir**.

Patrón de documentos

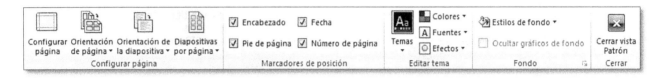

Si lo que nos interesa en distribuir una copia para imprimir, deberíamos **guardar** la presentación **como PDF**, un formato estándar en cualquier sistema operativo.

PRÁCTICA

A   Escribiremos un encabezado y un pie de página en los cuadros de texto de la vista **Patrón de documentos**.

En el cuadro **Encabezado**: *Presentación creada con PowerPoint 2010* y en el cuadro **Pie de página**: nuestro nombre. Al acabar, cerraremos la vista del patrón de documentos.

NOTA: El grupo **Marcadores de posición** sirve para mostrar u ocultar la información indicada. Si hemos establecido un encabezado/pie y desactivamos su marcador de posición, se borrará lo que hayamos escrito.

B   Desde **Archivo > Imprimir** estableceremos que el **número de diapositivas** a imprimir por página sea 6, que la **orientación** de las diapositivas sea **horizontal** y la de la página sea **vertical**.

Otras opciones de impresión a configurar son el número de **copias** y cómo queremos que estas aparezcan impresas, **intercaladas** o no.

Para ahorrar consumibles de color podemos optar por imprimir en **escala de grises** o en blanco y negro.

Si queremos imprimir parte de la presentación, deberemos escribir los números de las diapositivas en la casilla **Diapositivas** separados por **punto y coma** (y) o **guion** (desde...hasta). Por ejemplo, al escribir 1;3-5;8, se imprimirías las diapositivas números 1, 3, 4, 5 y 8.

Otra manera de imprimir un grupo de diapositivas es seleccionarlas antes de entrar en este menú. Si hacemos esto último, elegiremos **Imprimir selección** en lugar de todas las diapositivas.

El vínculo a las propiedades de impresora nos mostrará aquellas específicas de la que tengamos instalada.

Al clicar en **Imprimir** obtendremos la presentación en papel con la configuración del menú.

C Para guardarla como PDF acudiremos a **Archivo > Guardar como** (o **Archivo > Guardar y enviar > Crear documento PDF/XPS**).

Crear documento PDF o XPS

En el cuadro de diálogo clicaremos sobre **Opciones** para configurar la exportación del archivo.

Si queremos que el archivo PDF contenga varias diapositivas por página, elegiremos **Documentos** en **Opciones de publicación** e indicaremos cuántas queremos incluir, así como su orientación.

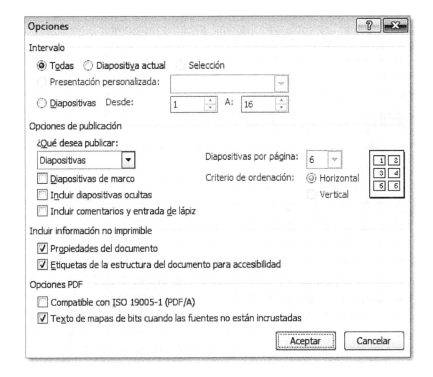

▎2.12 Notas del orador · Vista Página de notas · Vista Moderador

Si el tema que hemos de explicar a una audiencia es complicado o, simplemente, queremos asegurarnos de que no olvidamos nada cuando mostremos la presentación, podemos usar las **notas del orador**. Estas anotaciones junto a las diapositivas nos servirán, a modo del apuntador en las obras de teatro, como recordatorios de un texto literal que hayamos de citar, una observación que debamos hacer o una anécdota que queramos contar, por ejemplo.

En la vista **Página de notas** veremos y podremos modificar las notas de forma más cómoda.

Para ver las notas durante la presentación deberemos **imprimirlas** o tener dos monitores en nuestro equipo. Si el ordenador en el que vamos a ejecutar el archivo de *PowerPoint* permite conectar un monitor extra, podremos utilizar uno de ellos para ver las notas y manejar las diapositivas, mientras el otro muestra la presentación a pantalla completa. Dado este último caso, activaríamos la **Vista del Moderador** para controlar los monitores.

PRÁCTICA

A   En la vista **Normal**, bajo cada diapositiva se encuentra el panel para escribir las **notas del orador**. Para hacer más grande este panel, arrastraremos su borde superior.

En la diapositiva 3, escribiremos la siguiente nota: *Comentar que no aparece **Plutón** porque la Unión Astronómica Internacional (UAI) creó en 2006 una nueva categoría, **planeta enano**, en la cual incluyó este "ex-planeta"*. Podremos aplicar formato al texto desde la ficha **Inicio**.

B   En **Vista > Vistas de presentación** pasaremos a la vista **Página de notas** para comprobar que podemos editar aquí la nota y las de todas las demás diapositivas.

C   Para imprimir las notas del orador, en **Archivo > Imprimir**, en lugar de **Diapositivas de página completa** estableceremos **Páginas de notas**.

D   Normalmente contamos con un monitor y un proyector para mostrar la presentación, pero si tuviéramos otro monitor, accederíamos a **Presentación con diapositivas > Monitores > Usar vista del moderador**.

Al activar esta casilla con un solo monitor conectado, nos advertirá de tal circunstancia y, si clicamos en **Comprobar**, nos mostrará la página de **ayuda** sobre cómo utilizar esta vista. Además, abrirá el **Panel de Control de Windows** para detectar monitores.

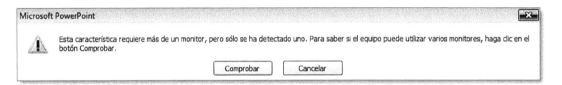

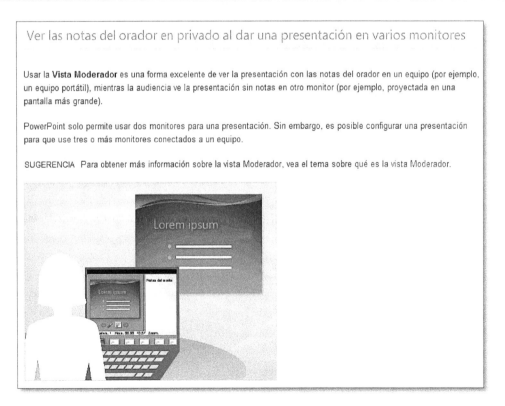

2.13 Presentación personalizada · Resolución de pantalla · Puntero láser

En presentaciones muy extensas es posible que nos interese tener subconjuntos de diapositivas para mostrar independientemente. Eso lo conseguimos creando una o varias **presentaciones personalizadas**.

La **resolución de la pantalla** dependerá del dispositivo de salida, un proyector o un monitor, no obstante, la podremos ajustar en **Presentación con diapositivas > Monitores**.

Si mantenemos pulsada la tecla **Ctrl** y clicamos o arrastramos puntero del ratón obtendremos un símil de **puntero láser** en la pantalla, útil para centrar la atención de la audiencia en una parte de la diapositiva.

PRÁCTICA

A Crearemos dos **presentaciones personalizadas**, una que incluya solo los planetas rocosos y otra que incluya solamente los gaseosos.

B En **Presentación con diapositivas > Presentación personalizada > Presentaciones personalizadas** clicaremos en **Nueva** para, seguidamente, indicar las diapositivas que contendrá.

C Daremos el nombre de **Planetas rocosos** a la presentación, **seleccionaremos** las diapositivas de la 4 a la 8 en el panel de la izquierda (una a una o con **Ctrl+clic** / **Mayús+clic**) y clicaremos en **Agregar** para incluirlas.

Si nos equivocamos, usaremos el botón **Quitar** y para reordenarlas, si fuera necesario, los botones de las flechas.

Crearemos de igual manera otra presentación personalizada para los planetas gaseosos, con las diapositivas 9-13.

D Una vez acabadas, las podemos mostrar directamente desde el botón **Presentación personalizada**.

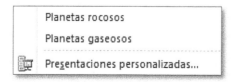

E   El proyector o pantalla que usamos para mostrar la presentación a la audiencia, a menudo tiene una resolución más baja que nuestro equipo. Para optimizar la visualización es posible que tengamos que ajustar la resolución de pantalla. Lo haremos en **Presentación con diapositivas > Monitores > Resolución**.

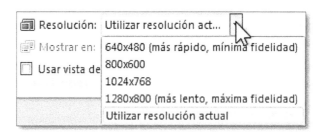

F   Si no disponemos de un **puntero láser** físico y necesitamos usarlo en alguna presentación podemos mantener pulsada la tecla **Ctrl** mientras clicamos o arrastramos puntero del ratón durante el pase de diapositivas.

Para elegir el color del puntero accederemos a **Presentación con diapositivas > Configurar > Configuración de la presentación con diapositivas > Color del puntero láser**.

▶ Módulo 3

Temas

3.1 Transición automática · Estilo de fondo · Imagen de fondo

Al crear una presentación cuyas diapositivas tienen una **transición automática**, es decir, se muestran cuando transcurre un tiempo determinado, el orador no necesita intervenir para pasar de diapositiva. Este tipo de presentación es más adecuada para distribuirla que para mostrarla ante una audiencia.

En el diseño de la presentación los temas son útiles, pero, si no necesitamos tantos elementos gráficos, podemos partir del tema predeterminado y aplicar un **estilo de fondo** o una **imagen de fondo**.

Practicaremos estas opciones creando una presentación para la agencia de viajes TourWorld, que podría utilizarse para publicitar sus destinos. Una presentación de ejemplo se encuentra en la carpeta **Archivos PowerPoint 2010**.

PRÁCTICA

A A partir de la **diapositiva inicial de título** que nos propone *PowerPoint* escribiremos como **título** *TourWorld DESTINOS*.

Pulsaremos **Entrar** para separar las dos palabras y aplicaremos al texto un **estilo de WordArt** en **Herramientas de dibujo > Formato > Estilos de WordArt**.

B A esta primera diapositiva le aplicaremos una **transición**. En la presentación **Ejemplo TourWorld.ppsx**, la transición es **Desvanecer**, **En negro**, **1 s.**

C Para que la transición sea automática, en **Transiciones > Intervalos > Avanzar a la diapositiva** desactivaremos **Al hacer clic con el mouse** y activaremos **Después de**, dejando el tiempo en **00:00,00** (minutos:segundos,décimas).

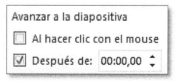

D En lugar de elegir un tema, simplemente aplicaremos un **estilo de fondo** de nuestro gusto de entre los que nos ofrece el menú de **Estilos de fondo**, en la ficha **Diseño**, lo cual afectará a todas las diapositivas que añadamos.

E En **Estilos de fondo > Formato del fondo** encontraremos más opciones de personalización (colores, tramas, degradados, transparencia, etc.). También aquí podremos incluir una **imagen de fondo** en las diapositivas seleccionadas o en todas ellas. Incluiremos en la diapositiva inicial la imagen **Fondo_TourWorld.jpg**, que se encuentra en **Archivos PowerPoint 2010 > TourWorld**.

Para ello accederemos al cuadro de diálogo **Dar formato al fondo** y en la ficha **Relleno** seleccionaremos **Relleno con imagen o textura**. Clicaremos en **Archivo** para buscar la imagen, la seleccionaremos y clicaremos en **Insertar**.

Para que se vea bien el texto, aplicaremos una **transparencia** a la imagen del **75%** y cerraremos el cuadro.

Si quisiéramos el relleno de imagen en todas las diapositivas, actuales y futuras, clicaríamos en **Aplicar a todo**. Para anular el relleno aplicado, clicaremos en **Restablecer fondo**.

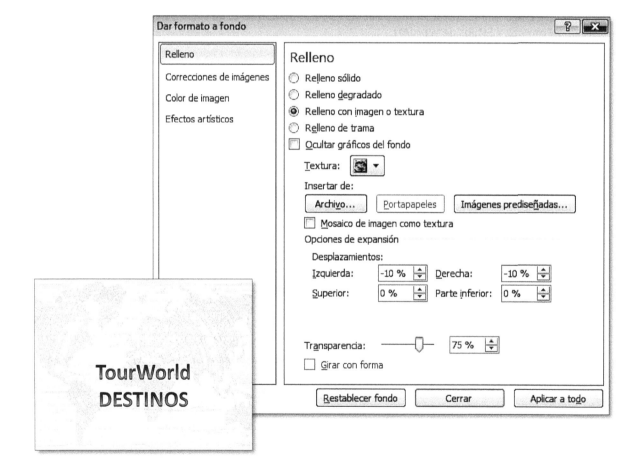

F Guardaremos la presentación como **TourWorld.pptx**.

3.2   Insertar forma · Formato de forma, imagen y cuadro de texto

Las **formas** son dibujos preestablecidos que pueden incluir texto cuando se trata de formas cerradas. En este caso, funcionan como cuadros de texto con un aspecto específico.

Tanto para las **formas**, como para **imágenes** y los **cuadros de texto** existen gran cantidad de ajustes y estilos a la hora de darles el **formato** que más nos interese. Los encontraremos en la ficha **Herramientas de dibujo / imagen > Formato**.

PRÁCTICA

A   Insertaremos una forma circular en la diapositiva de título que nos sirva como logotipo de la agencia de viajes.

En **Insertar > Ilustraciones > Formas** clicaremos en la **elipse**, dentro del grupo de formas básicas y arrastraremos para dibujar un círculo encima del título.

NOTA: Para dibujar formas regulares (círculo, cuadrado) o mantener las proporciones de una forma al cambiar su tamaño, arrastre uno de los controladores de las esquinas **manteniendo** la tecla **Mayús** pulsada.

B   Con la forma seleccionada **escribiremos** *TW*, aumentaremos la fuente y pondremos el texto en negrita.

Para dar formato a este objeto gráfico acudiremos a **Herramientas de dibujo > Formato**. En general, lo mejor será aplicar uno de los **estilos de forma** prediseñados, pero podemos experimentar con las distintas posibilidades de la ficha.

También aquí se le puede dar un **tamaño** concreto, que, en el caso del ejemplo, es de 4 x 4 cm.

Si necesitamos **precisión** para colocar los objetos, podemos activar las guías, la cuadrícula y la regla en **Vista > Mostrar**.

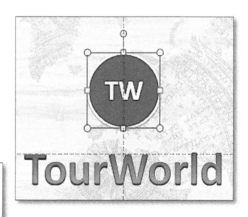

C   Ahora, insertaremos una nueva diapositiva con el diseño **Imagen con título**. El **estilo de fondo** de la diapositiva debería ser el que hemos establecido en el tema anterior.

Como título escribiremos *Tahití* y como imagen insertaremos el archivo **Tahití.jpg** desde la carpeta **Archivos PowerPoint 2010 > TourWorld**.

D   Borraremos el cuadro de texto de abajo, que no usaremos y daremos **formato** al otro cuadro de texto y a la imagen <u>libremente</u> (tamaño, posición, fuente, etc.).

En el ejemplo se ha usado un marco sencillo blanco para la imagen, y para el cuadro de texto: fuente Calibri 36, negrita, estilo de forma con contorno claro y relleno coloreado en azul.

E   A continuación, aplicaremos la transición que más nos guste y estableceremos que avance la diapositiva tras un **tiempo** de **7 segundos** (00:07,00), desactivando **Al hacer clic con el mouse**.

En la presentación de ejemplo, la transición es **Cubrir**, **Desde arriba**, **1,5 s.**

█ 3.3   Animación múltiple · Reordenar animaciones

Para lograr efectos visuales más sofisticados tenemos la opción de añadir más de una animación a los objetos con el botón **Agregar animación** de la ficha **Animaciones**.

Estas **animaciones múltiples** quedarán agrupadas, así que, para gestionarlas, por ejemplo, si hay que **reordenarlas**, deberemos acceder al **Panel de animación**.

PRÁCTICA

A   Al cuadro de texto con el título le aplicaremos la animación de entrada **Zoom**, **con la anterior**, **2,5 s.**

A continuación, le aplicaremos otra de énfasis: **Onda**, **Con la anterior**, **1 s.**, clicando en **Agregar animación**,

Para poder ver y seleccionar las animaciones deberemos mostrar el **Panel de animación**, donde aparecerán por separado.

NOTA: En ciertas animaciones, como en el caso de la onda, aparecerán unos triángulos en el objeto al que se le ha aplicado la animación. Al arrastrar estos triángulos, cambiaremos la forma en que se muestra la animación.

B   A la forma con el logotipo le aplicaremos la animación de entrada **Rebote**, **Después de la anterior**, **2 s.**

Ahora con **Agregar animación**, le aplicaremos otra de entrada, **Rótula**, **Con la anterior**, **4 s.**

C   **Reordenaremos** las animaciones de manera que las dos aplicadas a la forma aparezcan primero.

Para ello las seleccionaremos con **Ctrl+clic** en el panel y las arrastraremos arriba del todo, antes de las del título. O bien, usaremos las flechas abajo del panel o las de **Animaciones > Intervalos > Reordenar animación**

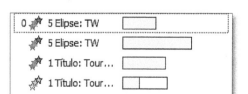

D   En la diapositiva de Tahití, a la imagen y al cuadro de texto con título le aplicaremos **animaciones** de nuestro agrado, simples o múltiples.

En la presentación de ejemplo se ha aplicado una a cada objeto. La animación de la imagen es **Desvanecer**, **Después de la anterior, 2 s.** y la animación del cuadro de texto, **Flotar hacia arriba**, **Después de la anterior, 1 s.**

E   Cuando estemos satisfechos con el resultado, **duplicaremos** esta diapositiva para añadir otra imagen y texto conservando las transiciones, animaciones y los formatos dados al texto. En el caso de no querer las mismas animaciones, las cambiaremos en la diapositiva duplicada.

Podemos añadir 18 diapositivas, al igual que en el ejemplo, o las que nos parezcan.

F   Para insertar otra fotografía elegiremos **Cambiar imagen** del menú contextual de la imagen para que la nueva sea igual en cuanto a tamaño, posición y formato dado.

NOTA: La presentación **Ejemplo TourWorld.ppsx** de la carpeta **Archivos PowerPoint 2010** contiene sonido. Aprenderemos a insertarlo en el siguiente tema.

▌3.4   Insertar audio · Grabar narración

De igual manera que una buena banda sonora mejora una película, una buena música de fondo mejorará una presentación destinada a verse individualmente, sin la presencia de un orador. El archivo de **audio** que insertemos debería estar, preferiblemente en formato .mp3 o .wma.

Además de, o en lugar de, la música se puede **grabar** una **narración** en las diapositivas, lo cual será útil para presentaciones didácticas o comerciales que necesiten explicaciones orales. Si se opta por grabar la narración habrá que tener un micrófono, además de los altavoces.

PRÁCTICA

A   Para insertar música en la presentación seleccionaremos la **diapositiva inicial** y desde la ficha **Insertar** clicaremos en **Multimedia > Audio** para elegir un archivo de sonido.

En el caso del ejemplo se ha insertado una canción en formato **.mp3** que dura 166 segundos. Para su presentación deberá elegir un archivo propio de su agrado.

B   En el centro de la diapositiva aparecerá una imagen de un altavoz y un reproductor con los controles básicos. Al arrastrar la imagen del altavoz, lo moveremos a la posición que queramos.

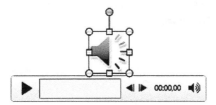

C   Desde **Herramientas de audio > Reproducción > Opciones de audio** estableceremos como **Inicio**, que se reproduzca en todas las diapositivas, con ello conseguimos que suene la música durante toda la presentación, no solo en la diapositiva en la que insertamos el audio. Seleccionaremos **Ocultar durante la presentación** para que no se vea el icono del altavoz.

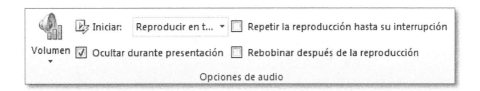

Las otras opciones de este grupo nos permiten ajustar el volumen del sonido, hacer que suene indefinidamente hasta que lo interrumpamos (**Repetir**...) y volver a reproducir el archivo de audio desde el principio si la presentación continúa cuando el audio ya ha acabado (**Rebobinar**...).

También hemos de considerar el grupo **Editar**, que nos permite acortar el archivo de audio si fuera necesario y hacer que el volumen aumente progresivamente al inicio y disminuya al final (**Fundido**...).

D   Para la presentación de ejemplo, en la ficha **Animaciones** se ha cambiado el inicio del audio a **Después de la anterior**, es decir, después de la animación del título. De esta forma, no comenzará la reproducción hasta que no hayan acabado las animaciones de los objetos.

E   Como el archivo de audio del ejemplo tiene una duración de **166 segundos** y ha de sonar en 19 diapositivas, el tiempo de avance a la diapositiva se ha establecido en 7 segundos después de haber comprobado que es el tiempo idóneo para que coincida con la duración de la canción, sumando los 1,5 s. del efecto de transición.

F   Cuando nos hayamos asegurado de que todo es correcto, guardaremos la presentación. Para que se muestre automáticamente al abrirla, guardaremos también el archivo como **Presentación con diapositivas de PowerPoint (*.ppsx)** con el nombre **TourWorld - Mostrar.ppsx**.

> **NOTA**: En una diapositiva se pueden insertar clips de vídeo desde **Insertar > Multimedia > Vídeo**, no obstante, esta opción suele causar problemas porque existen formatos y códecs de vídeo que no maneja bien *PowerPoint*. Si es necesario mostrar un vídeo relacionado con la exposición, es aconsejable hacerlo fuera de la presentación, utilizando un software externo para reproducirlo. En todo caso, se puede insertar un **vínculo** en la diapositiva que abra el archivo de vídeo o la aplicación para ejecutarlo. El procedimiento para insertar vínculos lo estudiaremos posteriormente

G   Si nos interesa grabar una locución para que se escuche durante el pase de la presentación, lo haremos en **Presentación con diapositivas > Configurar**.

Con el botón **Grabar presentación con diapositivas** grabaremos nuestra narración en el pase a pantalla completa. Desde el menú del botón indicaremos dónde comenzar la grabación: en la primera diapositiva o en la actual. Si no nos ha gustado lo grabado, lo eliminaremos al acabar.

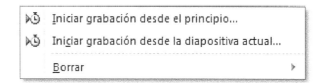

Antes de iniciarse la grabación habrá que elegir si grabamos los **intervalos** o solamente la **narración** y gestos del puntero láser. Si no grabamos los intervalos, quedarán los ya establecidos, si los grabamos, quedarán los nuevos, adaptados al tiempo empleado en la narración.

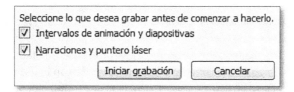

Aparecerá una barra para controlar la grabación, cuyos botones sirven para pasar a la diapositiva **siguiente**, **pausar** la grabación y **volver a grabar** el audio en la diapositiva actual.

Hemos de tener en cuenta que la grabación se realiza por diapositiva y no se graba el audio durante la transición. Durante el proceso de grabación hay que pasar a la diapositiva siguiente de forma manual.

Como el audio se graba por diapositiva, podemos pausar la grabación tras cada una y prepararnos para la siguiente. Y, si cometemos un error, repetiremos la grabación solo en esa diapositiva.

Al llegar al final de la presentación o cerrar la barra del controlador de la grabación se nos preguntará si queremos o no guardar la grabación. Si la guardamos, aparecerá el icono de un altavoz en aquellas diapositivas que hayamos grabado.

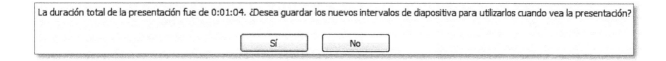

H   Las tres opciones a la derecha del botón **Grabar presentación con diapositivas** controlarán los aspectos indicados en las mismas a la hora de la reproducir la presentación a pantalla completa, así, aunque hayamos grabado una narración, podemos silenciarla.

I   Con el botón **Ensayar intervalos**, simplemente, probaremos nuestra presentación en público, pudiendo guardar los intervalos al finalizar, si el ensayo nos ha ido bien.

El procedimiento será el mismo que al grabar la presentación, pero solo guardará los nuevos intervalos.

3.5   Guardar presentación como vídeo · Presentación en bucle

Uno de los problemas más comunes cuando tenemos que mostrar el pase de diapositivas en un equipo distinto del nuestro es que el visor o la versión de *PowerPoint* instalada no coincida con la usada para crear nuestro archivo, con lo cual el resultado será deficiente. Es posible, incluso, que no exista programa alguno con que ejecutarla.

Si la presentación es automática, distribuida a muchas personas, el problema mencionado se agrava exponencialmente. Por tanto, lo más práctico en estos casos es **guardar la presentación como vídeo**, lo cual mantendrá fielmente todos los elementos de las diapositivas.

El caso contrario sucede cuando la presentación ha de ser mostrada en un local y equipo concretos, donde no concurren las circunstancias anteriores y su finalidad es publicitaria. Aquí, necesitaremos que el pase vuelva a mostrarse una vez acabado y para lograrlo configuraremos una **presentación en bucle** que seguirá indefinidamente hasta que la paremos manualmente.

Práctica

A   Previniendo que el destinatario de la presentación no disponga de *PowerPoint* o de un visor adecuado, exportaremos la presentación como **vídeo (*.wmv)** desde **Archivo > Guardar y enviar > Crear un vídeo**.

Aquí podemos cambiar el **tamaño del vídeo** para optimizarlo según su destino e indicar si se incluyen la narración y los intervalos.

Si hemos grabado narraciones, elegiremos **Usar narraciones e intervalos grabados**. Si no las hemos grabado, elegiremos **No usar narraciones ni intervalos grabados**.

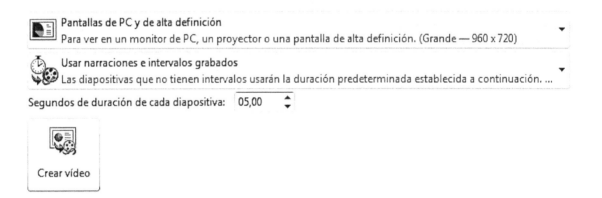

B   Al clicar en **Crear vídeo** nos pedirá guardarlo, le daremos un nombre y comenzará el proceso.

La creación del vídeo suele llevar bastante tiempo, dependiendo de la potencia de nuestro equipo, la complejidad de la presentación y la resolución elegida. Por ello, podemos cancelarla desde la barra de estado.

Si la presentación contiene audio o clips de vídeo es posible que *PowerPoint* nos aconseje **optimizar la compatibilidad** antes de comenzar a crear el vídeo para evitar problemas cuando este se muestre en otro equipo.

Es conveniente realizar esta optimización, a no ser que conozcamos el equipo donde vamos a hacer el pase y no vayamos a distribuir la presentación. Lo haremos en **Archivo > Información > Optimizar la compatibilidad**.

Optimizar la compatibilidad de medios

¿Planea realizar esta presentación en otro equipo? Optimizar la compatibilidad multimedia puede ayudar a mejorar su experiencia.

Puede optimizarse 1 archivo multimedia.

Acerca de la compatibilidad multimedia

NOTA: Bajo el botón anterior tenemos otro que nos permite comprimir los elementos multimedia, no obstante, lo mejor es no hacerlo, ya que se pierde calidad en la reproducción de los mismos.

C Si queremos que la presentación se reproduzca en un bucle, acudiremos a **Presentación con diapositivas > Configurar > Configuración de la presentación con diapositivas**.

D En el cuadro de diálogo seleccionaremos **Tipo de presentación > Examinada en exposición (pantalla completa)**.

Al elegir este tipo de presentación, se activa automáticamente **Repetir el ciclo hasta presionar 'Esc'** dentro de las opciones de presentación, que es lo que nos interesa.

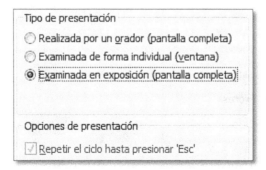

3.6   Gráficos SmartArt: Insertar, configurar y animar

Los gráficos **SmartArt** son un tipo de elemento gráfico prediseñado en el que incluimos información para transmitirla de forma más eficaz.

Existen diversos tipos de SmartArt, entre los cuales elegiremos el que más convenga a la clase de información que queramos plasmar: establecer una comparación, mostrar la relación entre varios elementos, crear un organigrama o jerarquía, ilustrar las etapas de un proceso. mostrar información cíclica o repetitiva, etc.

Una vez insertado, en la ficha **Herramientas de SmartArt** tenemos todas las opciones para trabajar con estos gráficos, especialmente en la ficha **Diseño**.

Practicaremos en este tema cómo insertarlos, configurarlos y cómo animarlos utilizando una presentación ya preparada, **Intro Comercio electrónico.pptx**.

PRÁCTICA

A   Abriremos la presentación **Intro Comercio electrónico.pptx**, que se encuentra en la carpeta **Archivos PowerPoint 2010**.

B   En la diapositiva número **6**, titulada *Contrarrestar los inconvenientes*, insertaremos un **SmartArt** desde **Insertar > Ilustraciones > SmartArt**.

C   Elegiremos el tipo **Balanza,** dentro de la categoría **Relación**, que nos servirá para contrastar los pros y los contras del comercio electrónico.

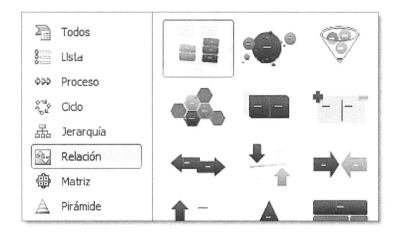

D   El gráfico nos mostrará dos partes, la de escritura (**Panel de texto**) y la del gráfico en sí, aunque también se puede escribir en las formas del gráfico y dar formato al texto. En la primera columna listaremos los contras y en la segunda, las acciones para contrarrestarlos.

En el cuadro de encabezado de los contras escribiremos el signo menos (**-**) y en el de al lado, el signo más (**+**). Las formas superiores se corresponden con las viñetas de primer nivel del **Panel de texto** y las formas de debajo, con las viñetas de segundo nivel, que son las que equilibran o desequilibran la balanza.

Escribiremos *Intangibilidad* como primer inconveniente, en la forma o en el panel.

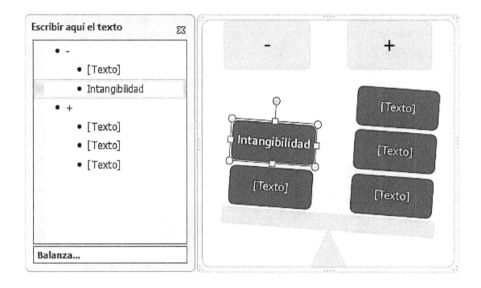

Los otros tres inconvenientes serán, es este orden, *Distancia, Desconfianza* e *Inseguridad*. Para añadirlos necesitaremos **agregar** dos formas en **Herramientas de SmartArt > Diseño > Crear gráfico > Agregar forma** o **Agregar viñeta**.

Para ordenar las formas, clicaremos en **Subir** o **Bajar**, en el mismo grupo de opciones.

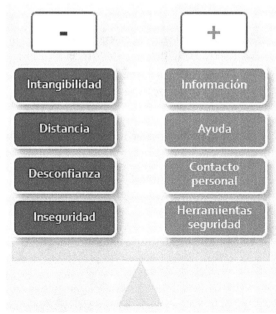

E   En la segunda columna de la balanza escribiremos, en este orden, *Información, Ayuda, Contacto personal* y *Herramientas seguridad*.

F   Le aplicaremos el estilo y los colores que prefiramos desde **Herramientas de SmartArt > Diseño / Formato**.

Si seleccionamos las formas individualmente o varias de ellas el formato se aplicará a la selección.

Para anular todos los formatos aplicados y volver al estilo original acudiremos a **Herramientas de SmartArt > Restablecer > Restablecer gráfico**.

G   Seleccionando el **SmartArt** le aplicaremos una animación:

- Efecto de entrada: **Flotar hacia arriba**.

- Opciones de efectos: Dirección - **Flotar hacia abajo**, Secuencia - **Una a una**.

- Inicio: **Después de la anterior**.

- Duración: **0,5 s**.

H   En la diapositiva número **9** con el título *Tres claves para la usabilidad* insertaremos otro **SmartArt** del tipo **Radial convergente**, dentro de la categoría **Relación**.

Escribiremos *USABILIDAD* en el círculo y *Diseño, Estructura* y *Accesibilidad* en los rectángulos.

Le aplicaremos un estilo, formato y animación de nuestro agrado.

I   Por último, en la misma categoría elegiremos un SmartArt de tipo **Embudo** para insertar en la diapositiva número **18** que tiene el título *Fidelizar al cliente*.

Como elementos dentro del embudo escribiremos *Calidad producto, Calidad servicio* y *Calidad atención*. Como resultado, *FIDELIZACIÓN CLIENTE*.

Le aplicaremos los estilos y formatos que deseemos y la siguiente animación:

- Efecto de entrada: **Flotar hacia adentro**.

- Opciones de efectos: Dirección - **Flotar hacia abajo,** Secuencia - **Una a una**.

- Inicio: **Después de la anterior**.

- Duración: **0,75 s**.

3.7   Insertar vínculos: acciones e hipervínculos

Al asignar un **vínculo** a un objeto de la diapositiva conseguimos que, al clicar sobre el objeto, se lleve a cabo una acción, como ir a una diapositiva concreta, abrir una presentación o un archivo externo, ejecutar un programa determinado o abrir un sitio web en el navegador.

Esta característica nos permitirá crear un menú inicial para desplazarnos a las distintas secciones de la presentación y conectar contenido externo que pueda ser útil, bien para ampliar el tema que estamos presentando, bien para mostrar ejemplos ilustrativos del mismo.

Tanto el botón **Hipervínculo** como el botón **Acción**, en la ficha **Insertar**, nos darán las opciones necesarias de forma similar.

PRÁCTICA

A   En la diapositiva número 2, desde **Insertar > Ilustraciones > Formas**, insertaremos **cuatro formas** (rectángulos) que nos servirán como un menú para acceder a las cuatro secciones de la presentación.

B   Escribiremos en las formas: *Ventajas e inconvenientes, El sitio web (pre-venta), La tienda en línea (venta)* y *Atención post-venta*.

Desde **Herramientas de dibujo** les aplicaremos un **diseño** y unos **colores** que armonicen con los empleados en las diapositivas de encabezado de sección. Para agilizar la tarea, configuraremos la primera forma y, cuando estemos satisfechos/as, la copiaremos y la pegaremos; así solo tendremos que cambiar el texto y el color de relleno.

C   Seleccionaremos la primera forma (clic en su borde) y desde **Insertar > Vínculos > Acción**
       estableceremos el **Clic del mouse** como **Hipervínculo a > Diapositiva > 3. Ventajas e inconvenientes**.

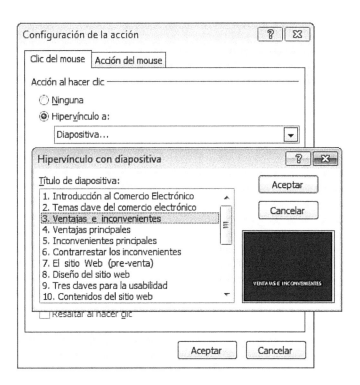

Repetiremos el proceso con las demás formas para que cada una nos lleve a la correspondiente diapositiva de
encabezado de sección. Al acabar, comprobaremos que funcionan los vínculos durante el pase de diapositivas.

Nota: No debemos preocuparnos si añadimos o eliminamos diapositivas, ya que el vínculo establecido se actualiza
automáticamente.

A fin de evitar que un clic fuera de los botones pase a la diapositiva siguiente, desactivaremos **Avanzar a la
diapositiva > Al hacer clic con el mouse** en la ficha **Transiciones**.

Aplicaremos una misma animación a todas las formas, seleccionándolas todas.

D   En la diapositiva **8**, *Diseño de la interfaz*, eliminaremos la imagen. Como esta imagen se ha colocado en el fondo
       [menú contextual > Enviar al fondo] es posible que tengamos dificultad para seleccionarla. Si este fuera el caso,
       activaríamos **Inicio > Seleccionar > Panel de selección** donde lo haremos fácilmente.

Ahora insertaremos la imagen **Logo_Apple.png**, la
seleccionaremos y acudiremos a **Insertar > Vínculos > Acción >
Clic del mouse > Dirección URL**. Escribiremos la URL (dirección
web) **https://www.apple.com/es/** y en el pase de diapositivas
comprobaremos que abre el sitio web en el navegador.

Luego, le aplicaremos una animación de entrada a la imagen para que aparezca al final del resto de animaciones.

E Por último, insertaremos un vínculo a otra dirección web de igual manera, pero seleccionaremos previamente el texto *Google AdWords* de la diapositiva **11**. La URL será: **https://adwords.google.com/home/**.

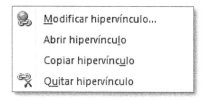

F Para comprobar los hipervínculos sin necesidad de cambiar al pase de diapositivas a pantalla completa, haremos clic con el botón secundario del ratón sobre el objeto y del menú contextual elegiremos **Abrir hipervínculo**.

En este menú también encontramos las opciones para **modificarlo**, **copiarlo** y **quitarlo**.

3.8   Insertar botones de acción

Los **botones de acción** son formas con iconos que representan acciones de desplazamiento a diapositivas y otras acciones comunes.

Al asignarles un hipervínculo, los podemos utilizar como botones de navegación en la presentación desplazarnos o para realizar otra acción si nos parece bien el icono.

Se insertan como cualquier otra forma y los encontramos en **Insertar > Ilustraciones > Formas**, al final del menú.

PRÁCTICA

A   En la esquina superior derecha de la cuarta diapositiva, *Ventajas principales*, insertaremos **dos botones de acción** desde **Insertar > Ilustraciones > Formas > Botones de acción**: uno nos dirigirá a la diapositiva del menú y el otro avanzará una diapositiva.

Elegiremos el botón con el icono de una casa y tras arrastrar para dibujarlo, aparecerá el cuadro de diálogo **Configuración de la acción** con la opción **Hipervínculo a** seleccionada.

Seleccionaremos la diapositiva **2** como destino del vínculo.

B   Repetiremos la operación, eligiendo el botón de la flecha derecha, el cual ya está configurado para desplazarse a la diapositiva siguiente.

C   Una vez insertados los botones, les daremos el formato y tamaño que nos gusten.

D   Para añadirlos en otras diapositivas, los seleccionaremos, los **copiaremos** y los **pegaremos** en todas las diapositivas <u>excepto</u> en las dos primeras y en la última.

En las diapositivas al final de las tres primeras secciones, **eliminaremos** el botón de avanzar a la siguiente diapositiva, ya que queremos volver al menú tras cada sección.

En la penúltima diapositiva, **eliminaremos** el botón de volver al menú inicial, ya que habremos llegado al final de la presentación.

Si quisiéramos restringir la navegación a los botones de acción que insertemos, deberíamos desactivar **Avanzar a la diapositiva > Al hacer clic con el mouse** en la ficha **Transiciones**.

▌3.9   Animación avanzada: establecer desencadenante

Normalmente, cada animación que aplicamos la configuramos para que se inicie después o al mismo tiempo que la anterior, o bien cuando se clique sobre la diapositiva. Otra opción es **establecer** un **desencadenante** para que se inicie la animación al hacer clic sobre el mismo objeto que la contiene animado o sobre otro distinto.

Esta posibilidad es interesante para crear tests en los que, al clicar sobre las opciones de cada pregunta, se muestre una animación que indique si la respuesta el correcta o incorrecta. Aprenderemos a realizar este tipo de diapositiva con la práctica propuesta.

PRÁCTICA

A   Abriremos la presentación **Test de comprensión.pptx** y en la diapositiva número **2** escribiremos unas preguntas en cuadros de texto. Debajo de ellas insertaremos **2 formas** con las opciones verdadero y falso.

Queremos que, al clicar en el botón con la respuesta **incorrecta**, el fondo de la forma cambie al color **rojo** y al clicar en el botón de la respuesta **correcta**, cambie a **verde**.

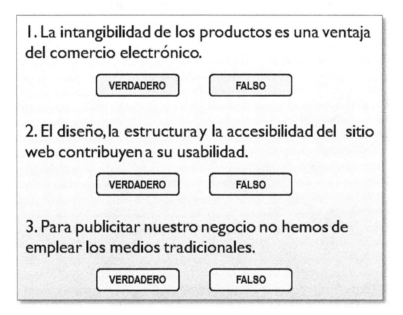

B   Configuraremos la <u>primera pregunta</u> y las <u>dos formas</u>. A las formas les aplicaremos la animación **Color de relleno** dentro de la categoría **Énfasis** y en **Opciones de efectos** daremos el color de fondo rojo a la forma "verdadero" y el verde a "falso". La duración será de **0,25 s**.

C   Para que detecte el **clic sobre la forma** y no sobre la diapositiva habrá que configurar la animación en **Animaciones > Animación avanzada > Desencadenar > Al hacer clic con**, y elegir el nombre de la forma.

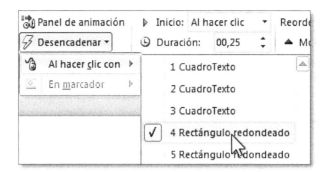

D   Una vez configuradas las animaciones, seleccionaremos con **Ctrl+clic** o **Mayús+clic** el cuadro de texto y las formas y los duplicaremos para añadir las demás preguntas.

Cambiaremos el color de relleno de cada forma según sea correcta o incorrecta la cuestión.

E   Si queremos experimentar, podemos añadir más opciones por pregunta, usar distintas animaciones o insertar imágenes.

▌3.10   Ocultar cinta de opciones · Personalizar barra de acceso rápido

La **cinta de opciones** se puede minimizar (ocultar) y, de esta forma, tener más espacio para trabajar en la presentación en la pantalla.

Por su parte, la **barra de acceso rápido**, que forma parte de la barra de título de la ventana de *PowerPoint*, puede personalizarse añadiendo botones para tener más a mano las acciones de realizamos habitualmente y quitando los que no nos interesen.

PRÁCTICA

A   Comprobaremos cómo **minimizar** la cinta de opciones con el botón ∧ (en la parte superior derecha de la ventana de *PowerPoint*) o haciendo **doble clic en una pestaña**. También lo logramos con la combinación te teclas **Ctrl+F1**.

Mostraremos la cinta de igual manera.

B   Desplegando el menú de la **Barra acceso rápido** añadiremos los botones **Abrir** y **Presentación desde el principio** a la barra de acceso rápido.

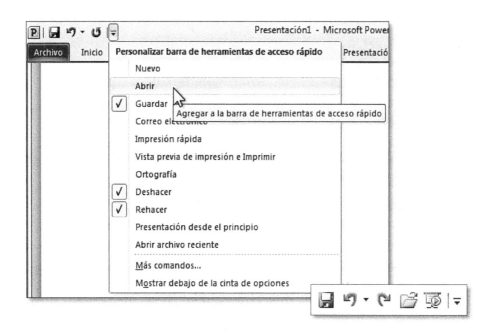

C   Luego, quitaremos el botón **Abrir** y personalizaremos esta barra según nuestros intereses.

> **NOTA:** Con la opción **Más comandos** del menú de la **Barra acceso rápido** accedemos a todos los botones posibles. También aquí, podremos quitar todas las personalizaciones y dejar la barra como venía de fábrica con el botón **Restablecer**.

3.11   Protección de la presentación: cambios y apertura

Si necesitamos proteger una presentación para que no se realicen **cambios** en ella o para que solamente se pueda **abrir** mediante la introducción de una contraseña, encontramos las opciones pertinentes en **Archivo > Información > Proteger presentación**.

Proteger presentación ▾

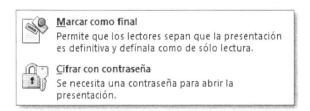

PRÁCTICA

A   Protegeremos una de nuestras presentaciones contra cambios marcándola como final en **Archivo > Información > Proteger presentación > Marcar como final**.

Un cuadro de diálogo nos pedirá confirmación y, cuando lo hagamos, otro nos informará sobré qué ocurre cuando el archivo se ha establecido como versión final.

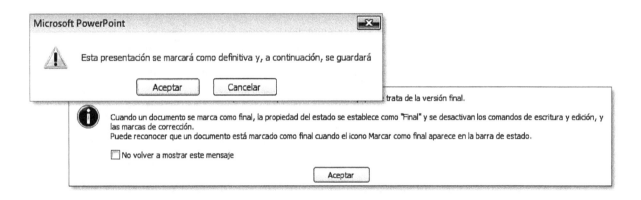

Para **revertir** la protección contra escritura y hacer de nuevo el archivo editable, volveremos a la opción de marcar como final.

B   Si necesitamos proteger contra apertura la presentación acudiremos a **Archivo > Información > Proteger presentación > Cifrar con contraseña**.

Para **quitar** la contraseña, lo haremos en la misma opción, escribiendo la asignada anteriormente.

3.12   Opciones de PowerPoint

Normalmente, no necesitamos cambiar el comportamiento general de la aplicación y, por regla general, es mejor no hacerlo. No obstante, sí es conveniente saber dónde encontrar las opciones de *PowerPoint* y conocer aquellas que pueden sernos útiles: en **Archivo > Opciones** encontramos los menús disponibles.

En el menú **General** podemos cambiar el nombre del usuario de todas las aplicaciones de *Office*, incluido *PowerPoint*.

En el menú **Revisión** controlamos el funcionamiento de la revisión ortográfica en los programas de *Office* y, al clicar en **Opciones de autocorrección**, configuramos aquellas correcciones que *PowerPoint* hace automáticamente mientras escribimos.

Dado que en las presentaciones priman los elementos gráficos sobre el texto, no es éste un tema importante, pero si estamos especialmente interesados en conocer su funcionamiento, podemos acudir a la ayuda del programa.

En **Guardar > Guardar presentaciones** establecemos el tiempo que ha de transcurrir para la próxima copia de seguridad automática que realiza *PowerPoint*.

Estas copias se utilizan para recuperar presentaciones que no han sido guardadas debido a algún error que ha cerrado el programa o el sistema operativo de forma incorrecta.

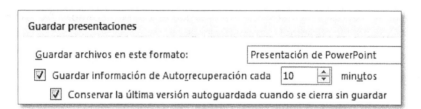

Ya hemos comentado que, para evitar problemas con las fuentes utilizadas en la presentación cuando la mostramos en un equipo distinto del nuestro, es conveniente incrustarlas en el archivo. Si no hay más editores de la presentación, no será necesario incrustar todos los caracteres de las fuentes, solo los que aparecen en ella.

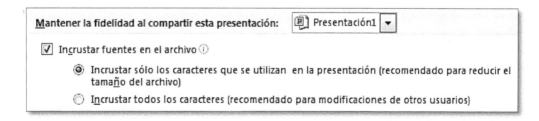

En el menú **Avanzadas > Opciones de edición** indicamos cuántas acciones podremos deshacer. De forma predeterminada están limitadas a 20, pero el máximo es 150.

Si hemos de imprimir las diapositivas con imágenes en la más alta calidad posible, seleccionaremos la casilla **No comprimir las imágenes del archivo** en **Avanzadas > Tamaño y calidad de la imagen**, de lo contrario, se imprimirán a la resolución predeterminada abajo.

Por otra parte, si descartamos los **datos de edición**, no podremos recuperar la imagen original una vez hayamos cambiado su tamaño, color, etc.

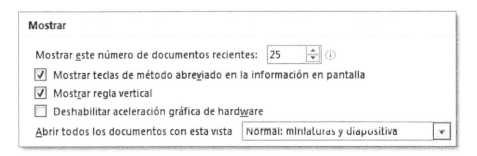

En **Mostrar** podemos indicar cuántas presentaciones recientes queremos ver (máximo: 50) en **Archivo > Recientes** y qué vista queremos mostrar cuando abramos las presentaciones.

Apéndice: Atajos del teclado para PowerPoint 2010

A continuación, aparecen los atajos más útiles de *Microsoft PowerPoint 2010*. Si queremos obtener la lista completa, lo haremos buscando *métodos abreviados de teclado* en la ventana de ayuda de la aplicación.

Cinta de opciones	
Acción	**Teclas**
Contraer o expandir	Ctrl+F1
Activar navegación por teclado	Alt
Abrir ficha o activar comando	Alt y letra o número mostrado
Cancelar navegación por teclado	Alt (o Esc)
Ayuda	F1

Archivos y ventanas	
Acción	**Teclas**
Abrir archivo	Ctrl+A
Crear archivo	Ctrl+U
Guardar archivo	Ctrl+G
Guardar como	F12
Imprimir	Ctrl+P
Cerrar ventana de archivo	Ctrl+F4
Salir de la aplicación	Alt+F4
Cambiar de ventana de archivo	Ctrl+F6
Cambiar de ventana de aplicación	Alt+Tab
Maximizar o restaurar ventana	Ctrl+F10

Deshacer y rehacer	
Acción	**Teclas**
Cancelar una acción	Esc
Deshacer	Ctrl+Z
Rehacer o repetir	Ctrl+Y

Portapapeles	
Acción	**Teclas**
Copiar	Ctrl+C
Cortar	Ctrl+X
Pegar	Ctrl+V

Formato de fuente	
Acción	**Teclas**
Aumentar tamaño de fuente	Ctrl+¡ (signo exclamación apertura)
Disminuir tamaño de fuente	Ctrl+' (apóstrofe)
Cambiar entre mayúsculas, minúsculas y letra inicial en mayúsculas	Mayús+F3
Borrar formato de fuente	Ctrl+barra espaciadora
Cuadro de diálogo Fuente	Ctrl+T

Formato de párrafo	
Acción	**Teclas**
Alineación izquierda	Ctrl+Q
Alineación derecha	Ctrl+D
Alineación justificada	Ctrl+J
Copiar formato	Ctrl+Mayús+C
Pegar formato	Ctrl+Mayús+V

Desplazamiento y selección en cuadros de texto	
Acción	**Teclas**
Palabra izquierda / derecha	Ctrl+←/→
Párrafo arriba / abajo	Ctrl+↑/↓
Inicio de línea	Inicio
Final de línea	Fin
Inicio del cuadro de texto	Ctrl+Inicio
Final del cuadro de texto	Ctrl+Fin
Seleccionar desde la posición del cursor hasta lo citado arriba	Mayús+las teclas citadas arriba

Objetos	
Acción	**Teclas**
Seleccionar objetos de la diapositiva	Tab o Mayús+Tab
Mover objetos	←/→/↑/↓
Cambiar tamaño de objetos	Mayús+←/→/↑/↓
Mover objetos	←/→/↑/↓
Copiar formato de objeto	Ctrl+Mayús+C
Pegar formato objeto	Ctrl+Mayús+V

Tablas	
Acción	**Teclas**
Ir a la celda siguiente	Tab o →
Ir a la celda anterior	Mayús+Tab o ←
Ir a la fila superior / inferior	↑/↓
Seleccionar celdas / filas	Mayús+←/→/↑/↓
Insertar tabulación	Ctrl+Tab
Insertar fila nueva al final	Tab en la última celda

Presentación

Acción	Teclas
Iniciar presentación desde el principio	F5
Ir a la diapositiva siguiente / anterior	←/→ o ↑/↓
Ir a una diapositiva según su número durante la presentación	número de diapositiva y Entrar
Transformar puntero en pluma	Ctrl+P
Ver lista de controles durante la presentación	F1

Varios

Acción	Teclas
Seleccionar todo (texto en cuadro, objetos en diapositiva)	Ctrl+E
Configurar la impresión, vista previa de impresión	Ctrl+P
Buscar	Ctrl+B
Reemplazar	Ctrl+L
Revisión de ortografía	F7

www.ingramcontent.com/pod-product-compliance
Lightning Source LLC
Chambersburg PA
CBHW060203060326
40690CB00018B/4230